SALGADOS Infalíveis

TÉCNICAS E RECEITAS PARA **FAZER** E *vender*

ADMINISTRAÇÃO REGIONAL DO SENAC NO ESTADO DE SÃO PAULO
Presidente do Conselho Regional: Abram Szajman
Diretor do Departamento Regional: Luiz Francisco de A. Salgado
Superintendente Universitário e de Desenvolvimento: Luiz Carlos Dourado

EDITORA SENAC SÃO PAULO
Conselho Editorial: Luiz Francisco de A. Salgado
Luiz Carlos Dourado
Darcio Sayad Maia
Lucila Mara Sbrana Sciotti
Luís Américo Tousi Botelho

Gerente/Publisher: Luís Américo Tousi Botelho
Coordenação Editorial: Ricardo Diana
Prospecção: Dolores Crisci Manzano
Administrativo: Verônica Pirani de Oliveira
Comercial: Aldair Novais Pereira

Edição e Preparação de Texto: Juliana Ramos Gonçalves e Camila Lins
Coordenação de Revisão de Texto: Marcelo Nardeli
Revisão de Texto: Lucia Sakurai
Revisão Técnica: Beatriz Tenuta Martins
Coordenação de Arte: Antonio Carlos De Angelis
Capa, Projeto Gráfico e Editoração Eletrônica: Veridiana Freitas
Imagens: Adobe Stock Photos; David Alexandre dos Santos (p. 20, p. 60-61 [preparo], p. 82, p. 84-85, p. 87-89 [modelagem], p. 91, p. 128); David Alexandre dos Santos e Edgar Galluzzo (p. 44-45); Edgar Galluzzo (p. 86 [modelagem], p. 96); José de Jesús Díaz Aspeitia (p. 55 [acima à direita]); Shirley Brito Vieira de Sousa (p. 48, p. 50, p. 53, p. 54 [acima], p. 56, p. 58, p. 60 [acima]), p. 71-72, p. 74, p. 76, p. 87 [passo 2, modelagem da empada], p. 112, p. 142, p. 154, p. 168)
Coordenação de E-books: Rodolfo Santana
Impressão e Acabamento: Coan

Proibida a reprodução sem autorização expressa. Todos os direitos desta edição reservados à
EDITORA SENAC SÃO PAULO
Av. Engenheiro Eusébio Stevaux, 823
Prédio Editora – Jurubatuba
CEP 04696-000 – São Paulo – SP
Tel. (11) 2187-4450
editora@sp.senac.br
https://www.editorasenacsp.com.br

© Editora Senac São Paulo, 2024

Dados Internacionais de Catalogação na Publicação (CIP)
(Simone M. P. Vieira – CRB 8ª/4771)

Galluzzo, Edgar
Salgados infalíveis: técnicas e receitas para fazer e vender / Edgar Galluzzo. – São Paulo : Editora Senac São Paulo, 2024.

Bibliografia
ISBN 978-85-396-4889-4 (Impresso/2024)

1. Gastronomia 2. Salgados (receitas e preparo) 3. Negócios de alimentação : Gestão 4. Gastronomia : Gestão de qualidade 5. Gastronomia e nutrição I. Título.

23-2017g
CDD - 641.8
647.95
BISAC CKB121000
CKB012000
CKB010000
BUS045000

Índice para catálogo sistemático:

1. Salgados (receitas e preparo) 641.8
2. Gastronomia e nutrição 647.95
3. Negócios de alimentação : Gestão 647.95

Edgar Galluzzo

SALGADOS Infalíveis

TÉCNICAS E RECEITAS PARA FAZER E vender

Editora Senac São Paulo — 2024

• SUMÁRIO •

NOTA DO EDITOR 7
DEDICATÓRIA 9
AGRADECIMENTOS 11
APRESENTAÇÃO 13
PREFÁCIO 15

CAPÍTULO 1 — 19
COMO COMEÇAR UM NEGÓCIO E SER UM BOM PROFISSIONAL?

QUALIDADES FUNDAMENTAIS DE UM BOM PROFISSIONAL 21
ENTRANDO NA COZINHA 22
ASSEPSIA E HIGIENE 27

CAPÍTULO 2 — 33
INGREDIENTES E SUAS FUNÇÕES NAS RECEITAS

MARGARINA 80% DE LIPÍDEOS, MANTEIGA OU ÓLEO 35
FARINHA DE TRIGO 35
SAL 36
POLVILHO DOCE E POLVILHO AZEDO 36
BATATA COZIDA E FLOCOS DE BATATA 36
OVO 37
AÇÚCAR 37
LEVEDURA (FERMENTO BIOLÓGICO SECO OU FRESCO) 37
FUNDOS OU CALDOS-BASE 38

CAPÍTULO 3 — 41
RECEITUÁRIO

MASSAS E PÃES 43
RECHEIOS TRADICIONAIS 62
OUTROS QUITUTES 70

CAPÍTULO 4 — 81
MODELAGEM E EMPANAMENTO

TÉCNICAS E EXEMPLOS DE MODELAGEM 83
TÉCNICAS DE EMPANAMENTO 90

CONGELAMENTO E FRITURA
PARA FAZER UM CONGELAMENTO SEGURO E EFICAZ 97
PARA FAZER UMA FRITURA SEGURA E EFICAZ 99

DEFEITOS E SOLUÇÕES
SALGADOS FRITOS 113
SALGADOS ASSADOS 118

GESTÃO DA QUALIDADE
COMPRAS 129
HIGIENE, LIMPEZA E ORGANIZAÇÃO 130
ARMAZENAMENTO DE INSUMOS 133
PRÉ-PREPARO DE MASSAS E RECHEIOS 134
EMBALAGENS 135
ROTULAGEM 136
DISTRIBUIÇÃO E ARMAZENAMENTO 137
EXPOSIÇÃO EM VITRINE 137

FICHA TÉCNICA E PRECIFICAÇÃO
CONHECENDO A FICHA TÉCNICA 143
APRENDENDO A PRECIFICAR 145

NICHOS DE MERCADO
PRINCIPAIS NICHOS DE MERCADO 155

REFERÊNCIAS 161
ÍNDICE GERAL 163
ÍNDICE DE RECEITAS 167
SOBRE O AUTOR 168

NOTA DO EDITOR

Salgados como coxinhas, empadas e pastéis fazem parte de nossa cultura alimentar e são comercializados nos mais variados estabelecimentos, o que torna esse mercado muito expandido e diverso. No Brasil, a profissão de salgadeiro independente consta entre aquelas previstas pelo cadastro de microempreendedor individual (MEI), sendo uma opção interessante e economicamente viável para quem deseja montar o próprio negócio e atuar no ramo da alimentação.

Inserido nesse cenário há mais de vinte e cinco anos, o autor Edgar Galluzzo sintetiza neste livro sua experiência não apenas como cozinheiro, mas também como empreendedor, apresentando de forma clara receitas, técnicas de cozinha e orientações valiosas sobre o mercado de salgados. As informações trazidas nesta obra, assim, são relevantes tanto para aqueles que ainda planejam ter o próprio negócio quanto para aqueles que já atuam na área, mas buscam aprimorar seus preparos e técnicas e garantir a vitalidade de seu empreendimento.

Com esta publicação, o Senac São Paulo espera contribuir para a formação e a profissionalização de pequenos e médios empreendedores do ramo de salgados, propiciando informação adequada àqueles que se lançam em iniciativas no setor e auxiliando-os a obter a excelência em seus produtos e serviços.

DEDICATÓRIA

Dedico esta obra especialmente à minha mãe, Sueli da Silva Galluzzo, a mulher mais incrível que conheço. Dedicar este livro a ela é o mínimo que eu poderia fazer para celebrar sua vida e tudo o que ela significa; é a forma mais linda que encontrei para eternizar meus sentimentos. Sou extremamente grato por ter trilhado meu caminho pisando, muitas vezes, em suas pegadas. Não existe uma palavra que sintetize o tamanho do meu amor. Obrigado por todos esses anos de parceria e cumplicidade.

AGRADECIMENTOS

Começo agradecendo às pessoas mais importantes da minha vida. À minha família, que sempre me seguiu em minhas pequenas loucuras, principalmente minha mãe, Sueli da Silva Galluzzo, e meu pai, Otávio Mário Galluzzo. Sem eles, nada disso seria possível.

Aos meus irmãos, Rodrigo Galluzzo e Cristiane Galluzzo, que sempre foram minhas cobaias e provavam (e ainda provam) todas as minhas receitas.

Ao meu tio Oriente Galluzzo, que me apoiou e acreditou em mim, mesmo quando eu mesmo ainda duvidava de tudo o que sou capaz.

Aos meus sobrinhos Bruna Galluzzo e Giovanni Galluzzo Ribeiro, que são a luz da minha vida e me motivam a melhorar todos os dias.

À minha cunhada Angélica Alves, por sempre me colocar nos trilhos com suas palavras e conselhos.

Aos meus amigos Fernando Lodi e Monica Chavez Díaz, por terem aberto as portas do seu restaurante, onde fizemos lindas fotos para ilustrar as receitas deste livro.

Aos meus clientes e amigos que fizeram parte da minha trajetória e me inspiraram a escrever o primeiro *e-book*, que tinha o intuito de ajudá-los em suas produções e acabou dando origem a esta obra.

Às empresas por onde passei e que me deram a base de todo o conhecimento que possuo hoje.

A todos que foram parte da produção desta obra. Vocês tornaram real o que era apenas um sonho.

A toda a equipe da Editora Senac São Paulo, aos fotógrafos que fizeram um trabalho incrível e aos que, mesmo indiretamente, contribuíram para a realização deste projeto.

APRESENTAÇÃO

Nascido em 1983 no bairro de Pirituba, na cidade de São Paulo, e apaixonado desde sempre pela profissão que escolhi quando ainda era um adolescente, sempre fui rodeado de bons cozinheiros na família. Comecei a preparar e vender quitutes simples pela necessidade de ajudar meus pais com o orçamento doméstico. Eles foram os meus maiores incentivadores, me emprestando o pouco que tinham para que eu comprasse os ingredientes e começasse a vender meus pães de mel. Com o dinheiro das vendas, eu comprava mais material, devolvia o empréstimo feito por eles e também lhes dava uma parte do lucro, para ajudar a pagar as contas.

A paixão pela comida foi tamanha que, um bom tempo depois, resolvi estudar. Prestei o vestibulinho do Serviço Nacional de Aprendizagem Industrial (Senai), para o Curso Técnico em Processamento de Alimentos. O curso foi gratuito e me deu embasamento para entender todo o processo produtivo de uma empresa de alimentos.

Em 2010, estagiei na empresa Cosan Alimentos, ajudando no desenvolvimento de produtos e testes laboratoriais. Trabalhei ao lado de grandes profissionais da área, como Carla Serrano, Angelica Spinola e Sônia Maria Broglio.

Em 2011, entrei para a Bralyx, uma empresa fabricante de máquinas de salgados, onde adquiri uma boa parte dos conhecimentos que tenho hoje. Ali, trabalhei diretamente com o público, buscando formas de entender e resolver seus problemas na fabricação de salgados, além de ajudá-lo a desenvolver receitas e metodologias de trabalho.

Em 2014, minha família e eu abrimos uma pequena fábrica de salgados, a Tutti Galluzzo. Coordenei e desenvolvi todas as receitas, que foram um sucesso e deixaram saudade nos consumidores mais apaixonados. A Tutti Galluzzo fechou as portas em 2016, para dar espaço a mais um sonho que eu estava prestes a realizar: sair do país e representar nossa cultura por meio do sabor.

Ainda em 2016, fui convidado a ir a Guadalajara, no México, prestar uma consultoria de seis meses para uma loja que estava começando. Os donos gostaram tanto do meu trabalho que me convidaram a ficar por um tempo e trabalhar com eles.

Com base em meu histórico, decidi passar todo meu conhecimento neste livro, cujo objetivo é ajudar as pessoas que buscam o caminho dos salgados como uma alternativa profissional, mas têm dificuldades para começar o próprio negócio. Embora o mercado de salgados seja muito competitivo, sempre haverá espaço para mais um profissional, já que coxinha e festa não acabarão nunca!

Para escrever com propriedade, além de ler e pesquisar muito, busquei informações com várias pessoas que estavam iniciando na área ou que já trabalhavam com salgados há algum tempo, mas tinham dificuldades para entender como funciona todo o processo. Com eles, tive a oportunidade de colocar em prática alguns dos meus métodos, a fim de validá-los. Foi um êxito!

Portanto, com este livro, pretendo ajudar todas as pessoas interessadas em empreender no mundo dos salgados. Espero poder contribuir para a realização dos seus projetos e que nós nos tornemos colegas de profissão.

"Feliz aquele que transfere o que sabe e aprende o que ensina",
Cora Coralina

PREFÁCIO

HISTÓRIA DA CAROCHINHA: A CRIAÇÃO DA COXINHA

Que a coxinha é uma preferência nacional, todo mundo sabe! Mas será que todo mundo sabe de onde veio e como surgiu esse quitute simples, mas famoso em muitos lugares do mundo? Para responder a essas perguntas, fui pesquisar a fundo sua origem, e encontrei histórias completamente diferentes, que se passam no estado de São Paulo.

A primeira e mais difundida história data do século XIX e se passa na cidade de Limeira, no interior de São Paulo, na fazenda de Morro Azul. Dizem que a coxinha nasceu a partir de uma tentativa de uma cozinheira de tapear um garotinho, mais precisamente o filho da princesa Isabel com o conde d'Eu, que só comia coxas de galinha. Diz a lenda que a cozinheira não tinha mais coxas suficientes para servir ao garotinho e, então, resolveu tentar enganá-lo, servindo outras partes do frango desfiadas e envoltas numa massa de farinha (Cavazin, 2000). *Eureka*! *Habemus* coxinha!

Já posso dizer que não acredito nessa versão, não é? Não vejo como algo poderia ter surgido na alta sociedade e se tornado tão popular em tão pouco tempo. Na verdade, por muito tempo, a coxinha foi considerada uma comida das pessoas menos abastadas, sendo alçada às camadas mais altas apenas posteriormente, na esteira da "gourmetização" da culinária básica brasileira.

A segunda história é completamente diferente e, embora muito carente de detalhes, me parece muito mais crível. Alguns historiadores acreditam que a coxinha surgiu durante a industrialização de São Paulo como uma forma mais barata e acessível de se consumir carne, servindo de alimento para os trabalhadores das fábricas (Cascudo, 2014). Mesmo que essa história não conte em detalhes ou com referências o que realmente há por trás dessa criação culinária, acredito nela porque se aproxima mais do que tenho pesquisado por todo esse tempo, e que contarei mais adiante.

A terceira, por fim, não é bem uma história, mas uma suposição baseada em algumas histórias, fatos e receitas de países que ajudaram no desenvolvimento do Brasil, como é o caso da Itália.

Entre os séculos IX e XII, a região da Sicília, onde hoje é a Itália, foi dominada por árabes muçulmanos que consumiam muito arroz com açafrão, condimentos e carnes. Segundo diz a lenda, o rei Frederico II apreciava tanto o prato de arroz com açafrão que, por um capricho real, queria levá-lo a todo lugar para comê-lo a qualquer hora. Não se sabe quando, onde, como ou por que resolveram fazer bolinhas de arroz fritas e recheadas, para que fosse mais cômodo levá-las em viagens longas. Nascia aí uma das mais deliciosas iguarias italianas, o *arancino*, no plural, *arancini* (Kalil, [*s. d.*]; Michelin Guide, 2021).

Após a Revolução Industrial, na Europa, que elevou a taxa de desemprego na região, e a Abolição da Escravatura, no Brasil, que impulsionou a imigração para a América, muitos italianos vieram ao país no fim do século XIX e no início do século XX. Chegando ao Brasil, em maior parte ao estado de São Paulo, os imigrantes italianos foram para as lavouras, onde trabalhavam cultivando café e uva e, em alguns casos, produzindo vinho.

Devido à tamanha população italiana na região, a cultura, os costumes e a culinária desse povo se mantiveram vivos, apesar de sofrerem modificações ao longo do tempo por causa da falta de ingredientes, o que levou a substituições e deu margem a criações e adaptações que se mantêm até hoje (Collaço, 2011). Um dos produtos culinários introduzidos no Brasil foi o *arancino*, feito, como já dito, de arroz cozido e normalmente recheado com ragu de carne moída ou legumes cozidos, sendo modelado em formato de bola ou em formato cônico, em algumas regiões.

O fato de que o *arancino* foi introduzido em nossa culinária pelos trabalhadores italianos é o que me faz supor que ele pode ser a base do surgimento da coxinha, a rainha dos salgados. Hoje em dia, em algumas regiões da Itália, nossas coxinhas são vendidas como *arancini brasiliani*, e essa é uma pista significativa de que o nosso salgado pode ser filho da Itália.

COMO COMEÇAR UM NEGÓCIO E SER UM BOM profissional?

CAPÍTULO 1

Começar o próprio negócio e se profissionalizar na área de alimentação são atividades que exigem dedicação e responsabilidade. Neste capítulo, serão apresentados brevemente alguns aspectos fundamentais que devem ser observados por quem deseja entrar nessa área: do planejamento do novo negócio aos cuidados de higiene, passando pela organização básica da cozinha.

QUALIDADES FUNDAMENTAIS DE UM BOM PROFISSIONAL

O estudo é a primeira condição para quem quer se profissionalizar, complementando as vivências dentro de uma cozinha. É preciso se manter sempre atualizado, lendo livros e revistas e trocando informações com outros profissionais, além de ter a cabeça aberta para receber informações novas e a humildade de entender que nunca saberemos tudo.

Seja responsável em qualquer situação e tenha compromisso com seu produto, seu serviço, seus colegas de trabalho, seus colaboradores e, principalmente, com seu cliente. Busque fornecedores responsáveis e que trabalhem somente com produtos de qualidade e, preferencialmente, com bom preço. Seu sucesso começa quando o respeito e o apreço pela qualidade estão em todos os processos da produção, do começo ao fim.

Às vezes, é difícil encontrar um colaborador capacitado, que siga suas orientações quanto ao seu processo produtivo e aos seus planos para atender ao mercado. A solução para esse problema é capacitar aquele que quer aprender e seguir o mesmo caminho. Investir em pessoal é também investir na sua empresa e no seu próprio crescimento. Capacite-se também para poder entender cada passo que estará envolvido em seu processo produtivo, bem como as dificuldades que seu pessoal poderá enfrentar.

Tenha uma atitude empreendedora. Por mais que o início do novo negócio às vezes pareça simples, manter a iniciativa pode ser mais complicado. Não foque somente no lucro, pois alguns empreendimentos, por mais sólidos que sejam, só começam a dar lucro depois de algum tempo de operação. Por isso, planeje muito bem cada passo e assuma responsabilidades, tanto pelos erros quanto pelos acertos.

Sugerimos uma visita ao site do Sebrae (http://www.sebrae.com.br), o Serviço Brasileiro de Apoio às Micro e Pequenas Empresas, que dispõe de vários cursos on-line e gratuitos, com orientações tanto para quem já tem o próprio negócio quanto para quem deseja abrir um. Também sugerimos que vá até uma central do Sebrae conversar com um especialista, que pode ajudar você a montar seu plano de negócios com base em suas ideias.

ENTRANDO NA COZINHA

Todo novo empreendimento de cozinha deve ter um bom menu, com um conceito bem elaborado, que sirva de ferramenta de marketing e alavanque a empresa, evidenciando o diferencial e a qualidade daquilo que será servido aos clientes. É possível renovar o menu conforme o refinamento da estratégia e o planejamento do conceito empregado no estabelecimento.

É de suma importância que esse passo seja muito bem elaborado, mesmo que o segmento não seja de venda direta ao consumidor final, e sim de venda ao revendedor ou a pontos de venda como bares e lanchonetes (os nichos de mercado são abordados mais adiante, no capítulo 9).

As receitas deverão estar bem explicadas, para que você possa reproduzi-las sem variações e para que qualquer pessoa consiga executá-las sem grandes dificuldades, no caso de o empreendimento crescer e você empregar colaboradores. Por isso, registre de forma clara todas as informações pertinentes à produção, como:

- quantidade de cada ingrediente descrita em gramas (g), quilogramas (kg), mililitros (mL) ou litros (L);
- temperatura do forno descrita em graus Celsius (°C);
- intensidade da chama do fogão descrita em alta, média e baixa;
- tempo de cocção descrito em horas (h) ou minutos (min).

Disponibilize também quaisquer outras informações relevantes a quem estiver executando a receita, como nome do equipamento utilizado, se for o caso, e sua capacidade produtiva em litros ou quilogramas.

Mise en place

A expressão francesa *mise en place* traz a ideia de "dispor", "pôr em ordem", e é usada para remeter a uma das etapas mais importantes da gastronomia: a separação e a preparação de todos os ingredientes e utensílios da receita a ser executada.

Para fazer uma *mise en place* adequada, siga estes passos:

- leia atentamente a receita e separe tudo de que você precisará para prepará-la;
- prepare os ingredientes conforme indicado pelo enunciado da preparação (por exemplo, pique-os em cubos de 1 cm; corte-os em tiras; retire a pele e as sementes de tomates, etc.);
- verifique novamente a lista e compare-a com o que está em sua bancada de trabalho;
- execute o processo produtivo seguindo todas as recomendações do enunciado da preparação.

Equipamentos e utensílios

Para começar a trabalhar, serão necessários alguns equipamentos e utensílios que auxiliam nas etapas de preparo. Aqui, listarei os mais básicos. A ideia é que você possa começar seu negócio com um investimento mínimo, ou utilizar o que já tem em sua cozinha. Aos poucos, conforme a sua necessidade e o seu bolso, você pode adquirir itens novos e mais profissionais, para trabalhar com segurança e maior agilidade.

Seguem, então, os utensílios básicos:

- espátula de plástico
- fôrma metálica
- peneira
- pincel
- colher de polietileno — EVITE COLHERES DE MADEIRA
- tigelas redondas (BOWLS)
- panela de pressão
- forminhas para empada, quiches, tortas
- panela ou caçarola grande
- rolo para massa — NÃO USE DE MADEIRA

Já os equipamentos recomendados são:

Desses equipamentos, o cilindro elétrico é o mais específico, usado no preparo e na abertura de massas de salgados assados e pastel. Para o preparo de massa cozida para salgados fritos, indicamos a masseira cozedora. Ambos apresentam um custo mais elevado, mas vale a pena investir neles caso você queira se profissionalizar.

Padronização

Receitas padronizadas, também chamadas de formulações ou preparações, são receitas testadas para cada produto. Elas trazem indicações precisas e igualmente padronizadas dos ingredientes utilizados, com detalhes sobre sua quantidade, sua temperatura, etc. Seguir corretamente essas indicações é extremamente importante, pois delas dependerá o rendimento da preparação e, consequentemente, o seu lucro.

Use balanças e medidas padronizadas para facilitar o preparo e reduzir a praticamente zero os erros de produção. O fator humano nos impossibilita de chegar realmente a zero, pois todos somos passíveis de erro. Por isso, a atenção ao preparo e uma *mise en place* bem-feita são importantes aliadas para a execução de um bom trabalho.

ASSEPSIA E HIGIENE

Ao longo de meus estudos, ouvi vários professores dizendo: "trabalhar com alimentos é uma responsabilidade enorme. O médico, se errar, pode matar uma pessoa; nós, se errarmos, podemos matar várias" – eles se referiam a situações extremas decorrentes de doenças transmitidas por alimentos contaminados. Por isso, preze pela higiene de seu local de trabalho e pela sua higiene pessoal.

- Mantenha as mãos sempre bem lavadas e deixe as unhas curtas, sem esmaltes ou bases;
- não use adornos nas mãos ou nos pulsos (anéis, relógio, pulseiras, etc.);
- use uniformes limpos e troque-os com frequência;
- use toucas e máscaras;
- use luvas para manipular alimentos já cozidos;
- mantenha as bancadas higienizadas, as tábuas de corte lavadas e sanitizadas e as facas afiadas e bem limpas;
- cuide para que vasilhas, potes, caixas, tigelas e qualquer outro utensílio também estejam bem limpos e higienizados.

A seguir, é explicado com mais detalhes como devem ser feitos os procedimentos de higiene.

Higiene pessoal

MÃOS

Antes de começar a trabalhar, certifique-se de que seu local de trabalho está limpo, higienizado e sanitizado.

Para que haja segurança naquilo que você e sua equipe vão executar, lave muito bem as mãos usando sabonetes neutros inodoros. O processo todo deve durar no mínimo 1 minuto (ver passo a passo no boxe).

Repita a lavagem e secagem das mãos quando trocar de função e sempre que levar a mão à boca, ao nariz, ao ouvido ou a outra parte do corpo – atos que devem ser evitados na cozinha. Estipule um tempo para repetir o procedimento. A cada troca de tarefa, as mãos devem ser lavadas novamente.

HIGIENIZAÇÃO DAS MÃOS

1. Molhe as mãos e adicione um pouco de sabão líquido neutro inodoro.

2. Esfregue bem uma mão na outra, não esquecendo dos polegares. Esfregue entre os dedos.

3. Use uma escova de dentes específica para este fim, ou uma escova própria para mãos, e esfregue embaixo das unhas. Caso não tenha escova, esfregue as unhas de uma mão na palma da outra.

4. Enxágue bem para retirar todo resíduo de sabão.

5. Seque as mãos com papel toalha não reciclado. Nunca utilize panos de prato ou toalhas.

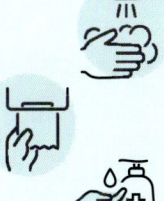

6. Aplique álcool em gel 70°. Deixe secar naturalmente.

POR QUE USAR O ÁLCOOL 70°, E NÃO 92°?

O álcool na concentração de 70° tem melhor ação bactericida devido ao tempo de evaporação após contato com as superfícies, sejam elas mesas, bancadas ou suas mãos. Essa ação bactericida acontece porque as proteínas e a membrana lipídica (gordura) dos micro-organismos se desnaturam mais facilmente na presença da água que está nessa formulação. Já o álcool 92° contém uma quantidade de água menor, apenas 8%, o que faz com que ele evapore muito mais rápido, não havendo tempo suficiente para que o processo de desnaturação aconteça de forma satisfatória.

E QUANTO AO USO DE LUVAS?

A legislação sanitária só permite o uso de luvas se o produto a ser manuseado não sofrer mais nenhum tipo de cozimento ou processamento, como é o caso de alimentos já cozidos ou prontos para consumo (saladas cruas, por exemplo).

As luvas são descartáveis e têm vida útil de poucas horas ou até minutos, dependendo do que se está manuseando. Nunca lave as luvas como se estivesse lavando as mãos; use-as e jogue fora.

E **lembre-se:** depois de retirar as luvas, lave muito bem as mãos, seguindo o procedimento descrito anteriormente, para eliminar qualquer resquício de suor, bactérias e impurezas.

CABELOS E BARBA

Na cozinha, os cabelos devem ser mantidos presos em toucas ou redinhas, para evitar que caiam sobre o rosto do profissional ou, pior, sobre os alimentos.

Uma controvérsia ainda muito grande é o uso ou não de barba e bigode pelos cozinheiros e profissionais da área como um todo. De forma geral, o uso de barba pode ser vetado devido ao perigo de contaminação do alimento pelos fios que se desprendem. Porém, aconselho consultar a legislação de seu município ou estado em relação a esse assunto, porque pode haver divergências nas recomendações. Algumas legislações sanitárias locais permitem a manutenção de barbas e bigodes cobertos por protetores de barba descartáveis.

Confira estas recomendações sobre o uso de barba e bigode nas legislações do estado e da cidade de São Paulo, respectivamente:

- Portaria nº 5/2013 do Centro de Vigilância Sanitária do estado de São Paulo: "Art. 10. Asseio e estética dos manipuladores de alimentos: banho diário; **barba e bigode raspados diariamente**" (Secretaria do Estado da Saúde, 2013, p. 6, grifos nossos).
- Portaria nº 2.619/2011 da Secretaria Municipal da Saúde da cidade de São Paulo: "15.1 – III – **Barba e bigode aparados**. Os funcionários que possuam barba ou bigode devem **utilizar protetor específico e descartável**, que deve ser mantido corretamente posicionado. Os protetores devem ser trocados frequentemente durante a jornada de trabalho e descartados imediatamente após o uso" (Secretaria Municipal da Saúde, 2011, p. 36, grifos nossos).

Higiene do lugar de trabalho

BANCADAS E SUPERFÍCIES

Para manter as bancadas sempre limpas, higienizadas e sanitizadas, ao final do processo produtivo, lave muito bem a superfície com água e sabão neutro e inodoro. Nunca utilize palha de aço nesse procedimento. Enxágue a bancada e, na sequência, utilize álcool 70° ou solução de água clorada a 5 ppm.

///////////////////////////////////////

ÁGUA CLORADA A 5 PPM

- **EM 1 L DE ÁGUA POTÁVEL, ADICIONE 5 ML DE CLORO SEM SABÃO OU HIPOCLORITO DE SÓDIO. MISTURE BEM.**

- **APLIQUE NA SUPERFÍCIE DE MODO QUE FIQUE EM CONTATO POR, PELO MENOS, 10 MINUTOS.**

- **RETIRE O EXCESSO E ENXÁGUE COM ÁGUA LIMPA. ESCORRA E DEIXE SECAR NATURALMENTE.**

///////////////////////////////////////

UTENSÍLIOS

Todos os utensílios devem ser lavados com água e sabão neutro inodoro. No caso dos utensílios que entrarão em contato com o alimento já pronto, borrife álcool 70° líquido sobre eles e seque-os utilizando guardanapos de papel não reciclado.

Conscientize seus colaboradores da importância de todos os passos de higiene descritos. Uma sugestão é distribuir placas por toda a cozinha com dizeres como "lave as mãos" e "evite a contaminação cruzada", assunto de nosso próximo tópico.

Segurança dos alimentos

É importante zelar pela higiene pessoal e do ambiente de trabalho para evitar o que chamamos de **contaminação cruzada**, que consiste em levar a contaminação de um lugar (seja alimento, parte do corpo ou objeto) para outro lugar. Exemplos:

Utilizar a mesma tábua de corte para cortar cebola crua e frango cru → possível contaminação por *Salmonella* sp.

Utilizar a mesma tábua para preparar camarão e cortar legumes → possível reação alérgica em pessoas sensíveis a camarão ao consumirem os legumes.

Coçar o nariz, a orelha, os olhos, assim como tossir e espirrar → contaminantes em potencial por bactérias do tipo *Staphilococcus aureus*. Ao efetuar qualquer uma dessas ações, lave muito bem as mãos, como descrito no tópico anterior.

O ideal para a manutenção da segurança higiênica, portanto, é usar tábuas de corte diferentes para cada tipo de alimento: legumes, carnes, aves, pescados e alimentos prontos. A legislação orienta usar cores diferentes para cada tábua, a fim de identificá-las com mais facilidade.

ATENÇÃO:
JAMAIS UTILIZE PALHA DE AÇO PARA LAVAR UTENSÍLIOS, MAQUINÁRIOS OU PANELAS. HÁ UM RISCO GRANDE DE FICAREM RESÍDUOS DESSE MATERIAL NA SUPERFÍCIE. LEMBRE-SE DE QUE O USO DE PALHA DE AÇO É PROIBIDO PELA LEGISLAÇÃO SANITÁRIA.

INGREDIENTES E SUAS FUNÇÕES NAS receitas

CAPÍTULO 2

Há muitos tipos diferentes de salgados: fritos ou assados, com ou sem recheio, em formato individual ou para corte, etc. Porém, por mais que as receitas de massa possam variar bastante, existem ingredientes em comum a quase todas elas, como as farinhas e as gorduras. São esses e outros ingredientes que detalharemos neste capítulo, explicando sua função.

MARGARINA 80% DE LIPÍDEOS, MANTEIGA OU ÓLEO

Em qualquer massa, a função da gordura – seja margarina, manteiga ou óleo (de oliva, de soja, etc.) – é conferir maciez, plasticidade e maleabilidade, além de auxiliar na retenção de aroma e na umidade. Ainda assim, a depender do tipo de massa, a gordura tem funções específicas:

- **Massa cozida:** por exemplo, de coxinha. Sem uma fonte de gordura, essa massa ficaria dura, com sabor menos acentuado e uma textura muito seca e quebradiça.
- **Massa fermentada:** por exemplo, de pães e esfirras. Sem o acréscimo de algum tipo de gordura, essa massa teria sua estrutura prejudicada, já que a função desse ingrediente, além de dar mais plasticidade e elasticidade, é deixar a textura mais macia.
- **Massa tipo podre (ou frola):** por exemplo, de empadas e tortas. Ao contrário das outras massas, a quantidade elevada de gordura empregada nesse tipo de preparo tem a função de deixar a massa propositalmente mais quebradiça.

FARINHA DE TRIGO

Existem vários tipos de farinha de trigo disponíveis, e muitas vezes elas são nomeadas segundo sua finalidade: farinha para pizza, farinha para pão, farinha para bolos, farinha para pastel, etc.

O que difere uma farinha da outra é a quantidade e a qualidade das proteínas (gliadina e glutenina) que formam o glúten, responsável pela estrutura das massas. Segundo essa forma de classificar, as farinhas podem ser divididas em fracas, médias e fortes:

- **Farinha fraca (bolos e biscoitos):** tem uma quantidade menor de proteína, em torno de 4% a 5%.
- **Farinha média (tipo 1, de uso geral):** tem uma quantidade um pouco maior de proteína, de 5% a 6%.
- **Farinha forte (pães, macarrão e massas de longa fermentação):** tem proteína em mais quantidade, a partir de 7%.

O QUE É GLÚTEN?

Glúten é uma rede de proteínas (gliadina e glutenina) formada quando se adiciona água à farinha de trigo. Ele é responsável por dar textura e estrutura às massas, principalmente as que necessitam de fermentação. A rede formada por essas proteínas tem as seguintes funções: reter o gás (CO_2) produzido durante a fermentação da massa, o que proporciona um melhor crescimento; conferir maior elasticidade e plasticidade à massa, o que a torna mais maleável, podendo ser moldada em vários formatos; e dar estrutura à massa, conferindo uma melhor apresentação ao produto final.

Levando em consideração que a **farinha média tipo 1** é a mais utilizada devido à facilidade de ser encontrada nos supermercados e pela média absorção de água, todas as receitas contidas neste livro a utilizam como padrão. Porém, é preciso ressaltar que a qualidade da farinha, mesmo que seja do mesmo tipo, pode variar de região para região.

SAL

O sal comum, ou cloreto de sódio, tem múltiplas funções na cozinha. Neste livro, serão apenas duas as suas funções principais: realçar o sabor dos ingredientes que empregamos numa preparação e enrijecer o glúten, auxiliando na textura da massa.

Em alguns casos – e dependendo da concentração –, o sal funciona como um conservador natural, inibindo a ação de algumas enzimas provenientes do próprio alimento ou de possíveis micro-organismos externos.

POLVILHO DOCE E POLVILHO AZEDO

O polvilho, ingrediente base de preparos como chipa e pão de queijo, é um tipo de amido proveniente da mandioca – e que, por isso, não contém glúten. Tanto o polvilho doce quanto o azedo passam pelas mesmas etapas iniciais de produção: a mandioca é lavada, descascada e moída, e a massa obtida após a moagem é separada do líquido, o qual vai para a decantação. É a partir dessa etapa, cujo objetivo é separar a água do amido, que há diferenças na produção de cada tipo.

O polvilho doce é secado logo após a decantação, o que origina um pó mais fino e inodoro. Quando utilizado na preparação de pães de queijo, confere a eles uma característica mais refinada, com uma crosta mais fina e pouco volume de crescimento. Já o polvilho azedo sofre um processo de fermentação antes da secagem, o que lhe confere mais acidez. Na produção de pães de queijo, proporciona uma característica mais rústica, com uma crosta mais crocante e maior volume de crescimento. Por essas diferenças, grande parte das receitas de pão de queijo se baseiam na mistura dos dois tipos de polvilho, a fim de mesclar suas características.

BATATA COZIDA E FLOCOS DE BATATA

Na massa, a função da batata cozida e amassada ou dos flocos de batata é dar ao produto final o sabor característico desse tubérculo, além de conferir maior cremosidade. Já no recheio, a função dos flocos de batata é absorver o líquido e encorpar o preparo – para essa finalidade, os flocos podem ser substituídos pela farinha de trigo.

Os flocos de batata são uma opção mais barata, de fácil estocagem e com maior durabilidade em relação às batatas comuns *in natura*. No entanto, atente-se ao rótulo desse produto e prefira marcas que não acrescentem muitos aditivos químicos (isto é, prefira flocos de batata minimamente processados, e não ultraprocessados).

OVO

Em sua composição, contém basicamente gordura, água, proteínas e lecitina. Em massas mais gordurosas, como a da empada, muitas vezes se pede uma maior quantidade de ovos ou de gemas, que auxiliam na emulsão, favorecida pela lecitina, entre a gordura e a água contidas na massa. Em outras massas, como as de pão, os ovos auxiliam na estrutura, na cor e no sabor, já que agregam proteínas (albuminas) e betacaroteno.

AÇÚCAR

É empregado em massas fermentadas como agente adoçante e como substrato para que a levedura *Saccharomyces cerevisiae* produza gás carbônico (CO_2), responsável pelo crescimento da massa, e etanol (C_2H_6O), responsável pelo sabor e o aroma característicos.

LEVEDURA
(FERMENTO BIOLÓGICO SECO OU FRESCO)

Saccharomyces cerevisiae é responsável pela levedação das massas de pães e de salgados assados, como esfirras e pães de batata. A versão comercial desse fermento biológico é encontrada na forma seca ou fresca.

- **Fermento biológico seco:** apresenta-se na forma de um pó granulado e pode ser misturado diretamente na farinha, a depender do método de preparo da massa. Devido à baixa umidade de sua composição, tem maior vida de prateleira (validade), que pode chegar a seis meses, se bem conservado. Tem maior força de fermentação quando comparado ao fermento biológico fresco.
- **Fermento biológico fresco:** apresenta-se na forma de tablete e deve ser misturado na parte líquida da preparação, a depender do método de preparo da massa. Por ter uma vida de prateleira relativamente curta, deve-se observar sua coloração; o tablete deve estar sempre bege claro, sem pontos escuros e com um aroma de cerveja pronunciado. É utilizado em quantidade três vezes maior em relação ao fermento biológico seco, por exemplo: 10 g de fermento biológico seco = 30 g de fermento biológico fresco.

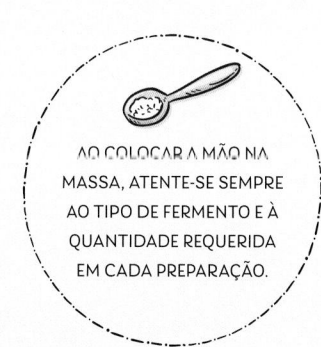

> AO COLOCAR A MÃO NA MASSA, ATENTE-SE SEMPRE AO TIPO DE FERMENTO E À QUANTIDADE REQUERIDA EM CADA PREPARAÇÃO.

FUNDOS OU CALDOS-BASE

Como o próprio nome diz, este preparo é o fundo de sabor de vários pratos da gastronomia tradicional, como sopas, caldos, risotos e molhos – e, em nosso caso, da produção de massas e recheios dos salgados.

Aconselhamos substituir os caldos prontos industrializados (em tabletes ou em pó), que são produtos ultraprocessados, pelos caldos preparados em casa. Veja, na sequência, duas sugestões de receita.

IMPORTANTE:

AS MEDIDAS ESTÃO EM GRAMAS OU QUILOGRAMAS. A IDEIA É QUE VOCÊ PESE OS INGREDIENTES EM VEZ DE MEDI-LOS EM XÍCARAS OU COPOS MEDIDORES, O QUE PODERIA LEVAR A VARIAÇÕES INDESEJADAS.

CALDO-BASE

DE LEGUMES

3 kg de água
10 g de alho amassado
30 g de salsão picado em cubos
30 g de cenoura picada em cubos
100 g de cebola picada em cubos
2 folhas de louro fresco

DE FRANGO

3 kg de água
10 g de alho amassado
30 g de salsão picado em cubos
30 g de cenoura picada em cubos
100 g de cebola picada em cubos
2 folhas de louro fresco
100 g de tomate picado sem pele e sem semente
1 g de noz-moscada
1 kg de carcaça de frango (pode-se usar asas, carcaça do peito, pescoço)

---

1. Ambos os caldos seguem o mesmo modo de preparo. Primeiro, disponha todos os ingredientes em uma panela grande e acenda o fogo.

2. Espere ferver e cozinhe em fogo baixo por, aproximadamente, 45 minutos.

3. Retire a espuma que se forma na superfície.

4. Coe e reserve.

NOTA:

TODOS OS CALDOS-BASE PODEM SER CONGELADOS JÁ NAS PORÇÕES QUE SERÃO UTILIZADAS NOS PREPAROS. SUA DURABILIDADE É DE TRÊS MESES EM CONGELADOR E DOIS DIAS EM GELADEIRA.

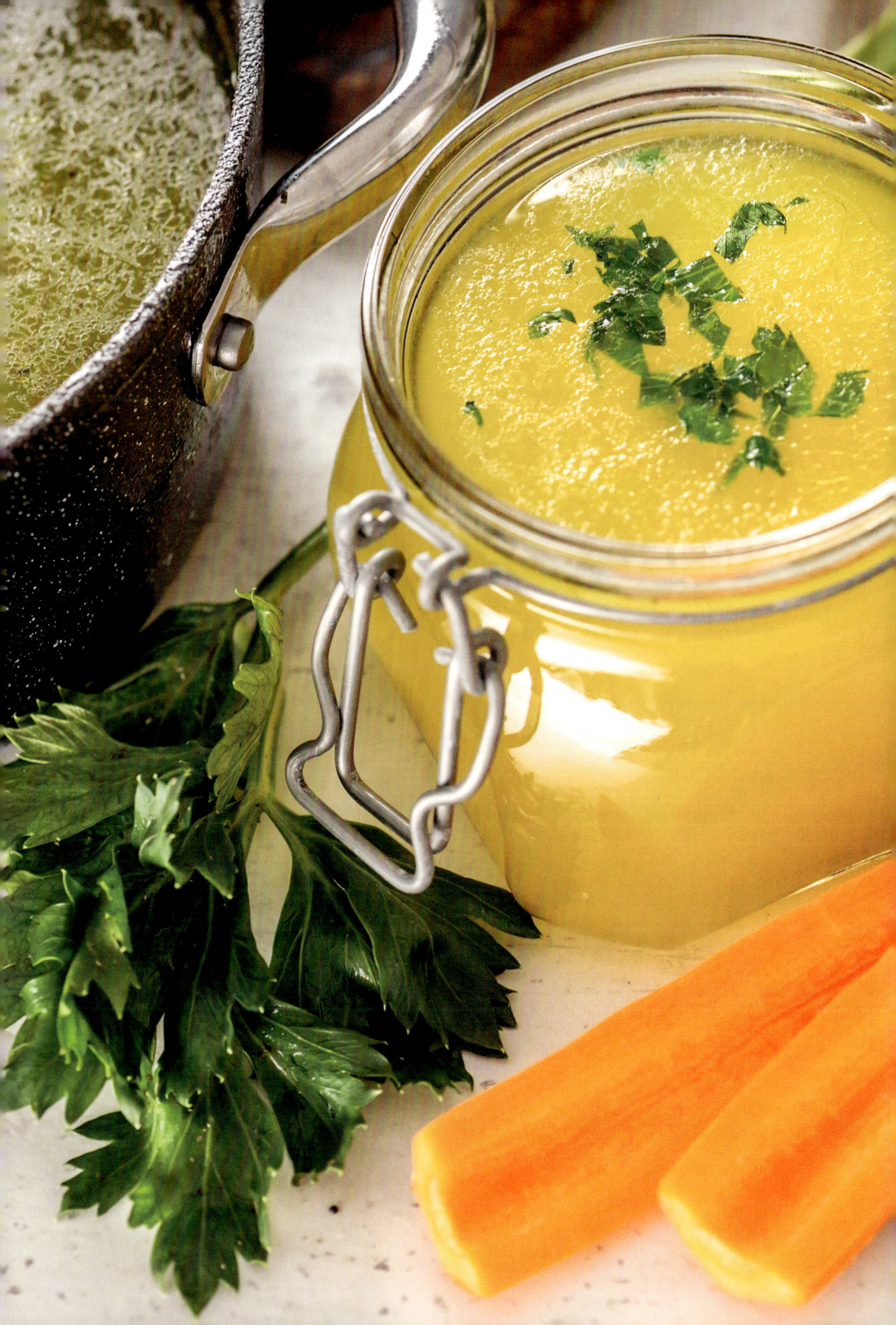

RECEITUÁRIO

CAPÍTULO 3

Este capítulo se divide em três partes. Na primeira, apresentamos as receitas de massas básicas para os mais diversos salgados – coxinhas, pastéis, quibes, etc., além de dois tipos de pães. Na segunda, trazemos os recheios mais comuns e mais solicitados pela clientela. Na terceira e última parte, vêm as receitas de outros quitutes salgados, mais especificamente croquete, bolinho de bacalhau e quiche.

Você vai notar que o rendimento das receitas é bastante alto. Isso porque a ideia, aqui, não é oferecer receitas com quantidades caseiras, e sim com quantidades elevadas visando à comercialização dos produtos.

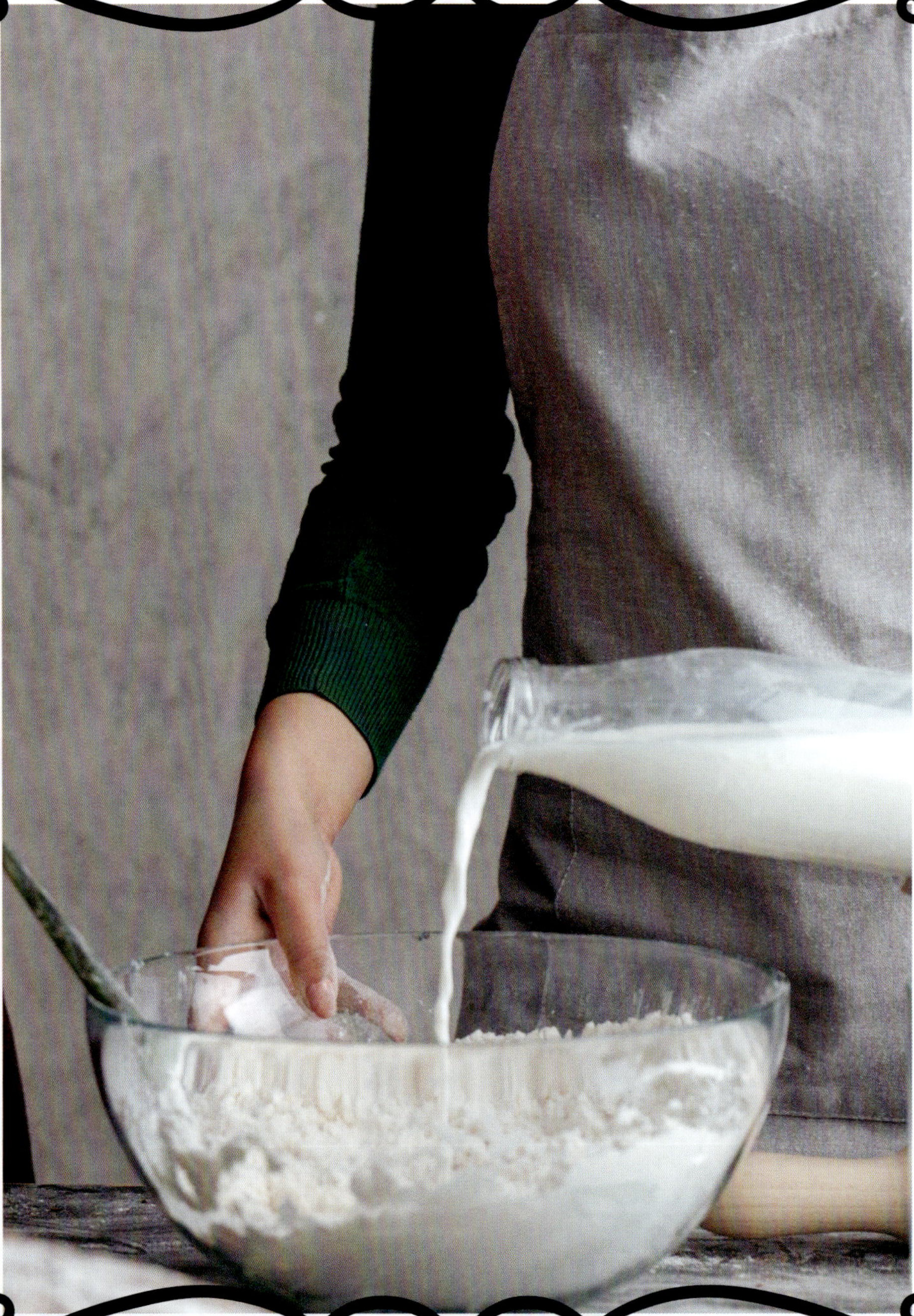

MASSAS E PÃES

Todo bom salgado começa por uma boa massa, feita preferencialmente com caldo caseiro à base de legumes ou frango.

Não importa quais temperos serão usados na preparação das massas, nem em qual quantidade – eles não influenciam em aspectos como umidade, textura, rendimento ou consistência. O importante é ater-se às quantidades de **líquido**, **farinha** e **gordura**. O restante dos ingredientes é de livre escolha.

Os caldos, cujas receitas se encontram no capítulo anterior, podem ser feitos com antecedência e congelados por até três meses, já nas proporções que serão utilizadas. Não recongele para não propiciar contaminações e perdas. Lembre-se de que nenhum alimento congelado pode ser recongelado após o uso.

IMPORTANTE:

TODAS AS MEDIDAS DESTE RECEITUÁRIO ESTÃO EM GRAMAS OU QUILOGRAMAS. A IDEIA É QUE VOCÊ PESE OS INGREDIENTES EM VEZ DE MEDI-LOS EM XÍCARAS OU COPOS MEDIDORES, O QUE PODERIA LEVAR A VARIAÇÕES INDESEJADAS.

MASSA BÁSICA

COM LEITE	SEM LEITE	COM LEITE E BATATA
RENDIMENTO: 7,6 kg	RENDIMENTO: 7,6 kg	RENDIMENTO: 8 kg
2,75 kg de caldo-base	2,75 kg de caldo-base	2,75 kg de caldo-base
1,8 kg de leite integral	1,8 kg de água	1,8 kg de leite integral
400 g de manteiga ou margarina 80% de lipídeos	450 g de manteiga ou margarina 80% de lipídeos	450 g de manteiga ou margarina 80% de lipídeos
70 g de sal	70 g de sal	75 g de sal
2,57 kg de farinha de trigo peneirada	2,57 kg de farinha de trigo peneirada	2,57 kg de farinha de trigo peneirada
		400 g de batata cozida no vapor e amassada (ou 250 g de flocos de batata hidratados com 150 g de água)

❋ MODO MANUAL

1. Disponha na panela grande os ingredientes líquidos, a margarina ou manteiga e o sal.

2. Espere abrir fervura, baixe o fogo para o mínimo possível e adicione a farinha peneirada de uma só vez.

3. Misture sempre para não empelotar, puxando a massa das laterais para o centro, até que ela comece a se soltar do fundo da panela.

4. Mexa até que a massa fique lisa e homogênea (6 minutos aproximadamente). Caso esteja fazendo a massa com batata, acrescente-a neste momento. Após esfriar, sove a massa para homogeneizar.

5. Leve a massa à mesa ou bancada para esfriar.

❋ MODO MASSEIRA COZEDORA

1. Disponha em sua masseira cozedora os ingredientes líquidos, o sal e a margarina ou manteiga.

2. Espere abrir fervura, baixe o fogo para o mínimo possível e adicione a farinha de uma só vez.

3. Ligue o batedor e deixe cozinhar por 12 minutos.

4. Apague o fogo. Caso esteja preparando a massa com batata, acrescente-a ao final do cozimento, com o fogo apagado, e misture por mais 3 minutos, ou até que a massa fique homogênea.

MÁQUINA MASSEIRA COZEDORA

Uma masseira cozedora é uma máquina profissional indicada para empreendedores no ramo de salgados e doces. Ela auxilia na mistura e no cozimento de grandes volumes, automatizando e facilitando os preparos.

É possível fazer os preparos deste livro sem a masseira cozedora, que é um aparelho de custo elevado. Ainda assim, ela é um investimento interessante para quem já tem uma clientela estabelecida e deseja se profissionalizar ainda mais, atendendo a pedidos de grandes quantidades.

ESFRIANDO A MASSA

1. Após o cozimento, leve a massa para uma mesa de pedra fria (granito ou mármore) ou uma mesa de aço inox.

2. Abra a massa o máximo que puder com a ajuda de uma colher, espátula ou rolo para massas. Quanto mais fina a camada de massa, melhor.

3. Com uma espátula ou uma colher, faça buracos por toda a massa. Assim, o vapor sairá com mais facilidade e não condensará por baixo da massa.

4. O tempo de esfriamento dependerá do material de sua mesa. Geralmente, as mesas de inox deixam o processo um pouco mais lento, já que tendem a reter temperatura. Se necessário, corte pedaços da massa e vire-os ao contrário para que a massa resfrie por completo.

5. Após o esfriamento, enrole a massa em formato de bola. Mantenha a massa dentro de uma vasilha e envolvida com plástico filme até o momento de utilizá-la, a fim de evitar ressecamento.

IMPORTANTE:
NUNCA COLOQUE VENTILADOR DIRETAMENTE SOBRE A MASSA NA INTENÇÃO DE ELA ESFRIAR MAIS RÁPIDO. ALIÁS, NÃO UTILIZE VENTILADOR EM SUA COZINHA. ALÉM DE RESSECAR A MASSA, O VENTO DIRETO AUMENTA A POSSIBILIDADE DE CONTAMINAÇÃO POR POEIRA, CABELOS, PELOS E INSETOS.

DURABILIDADE

- 2 DIAS NA GELADEIRA (MAS PREFIRA UTILIZAR A MASSA RECÉM-FEITA).
- ESTA MASSA NÃO PODE SER CONGELADA PARA USO POSTERIOR.
- PODE SER CONGELADA APÓS A FORMATAÇÃO DO PRODUTO.

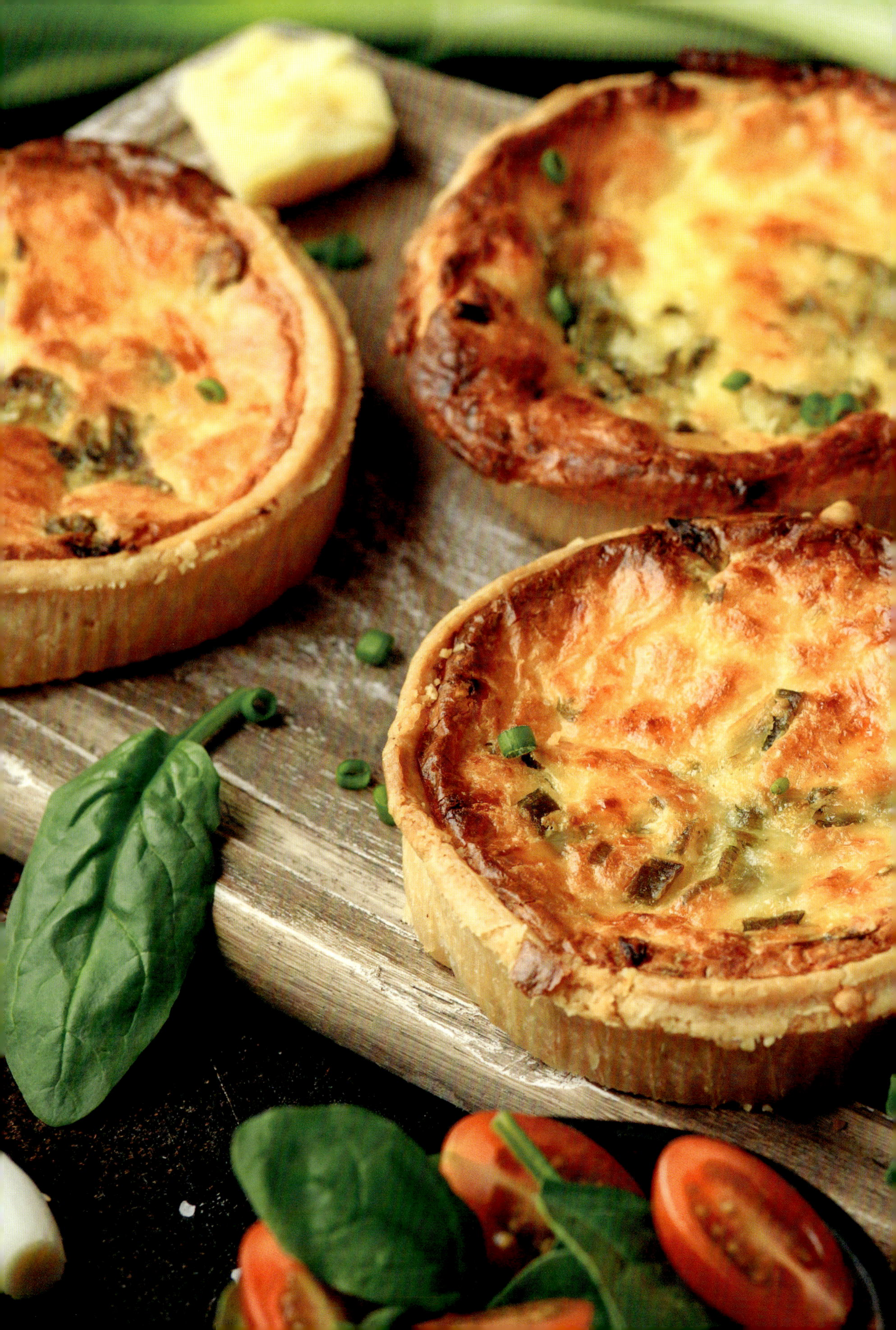

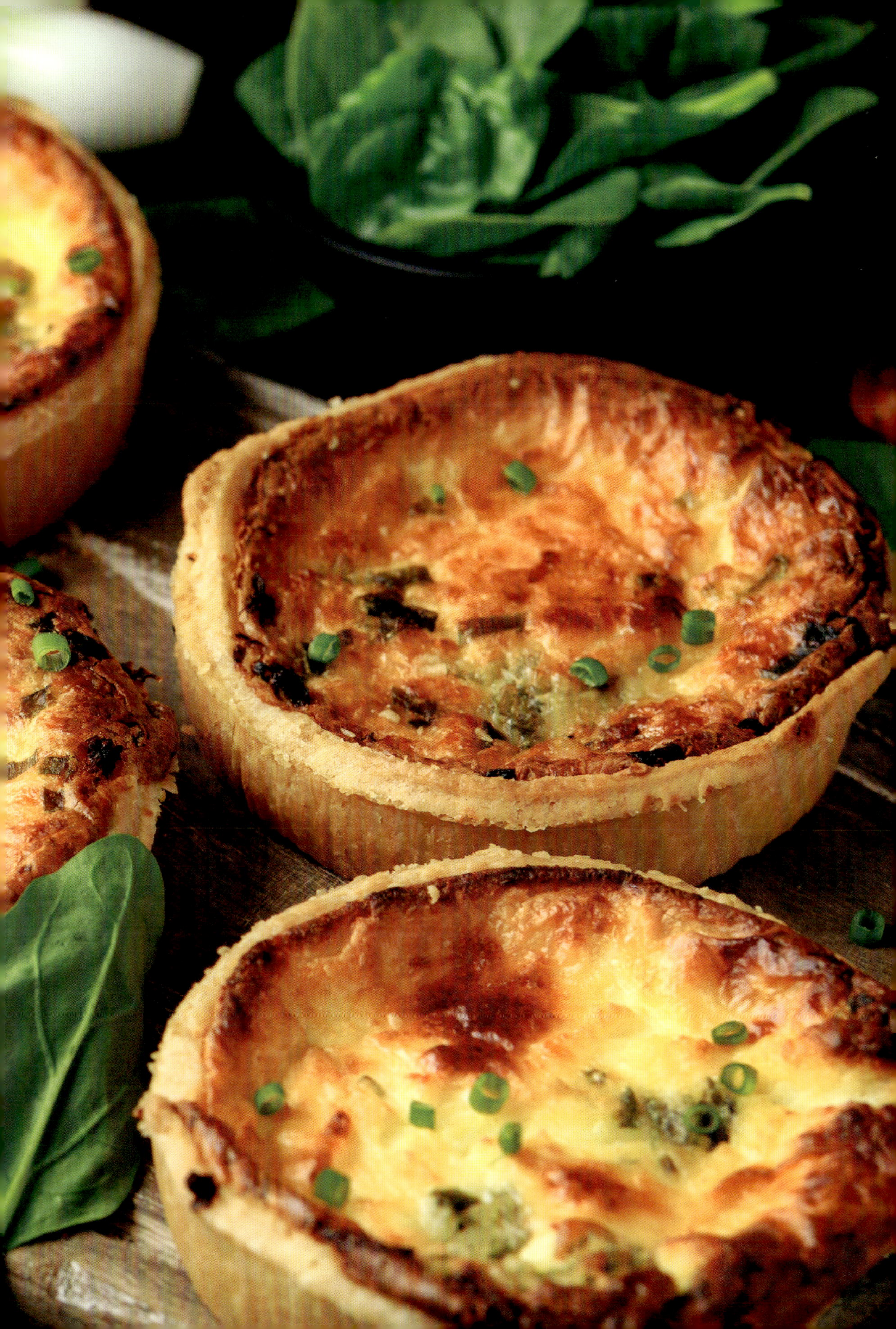

MASSA PARA QUIBE

RENDIMENTO: 7,6 KG

3 kg de trigo para quibe

4 kg de água fria

2 kg de carne moída
(patinho ou miolo de acém)

120 g de sal

750 g de cebola picada
ou triturada

20 g de alho picado
ou triturado

300 g de óleo ou azeite
de oliva

200 g de hortelã fresca

2 g de pimenta-do-reino

1 g de pimenta síria

1. Numa vasilha grande, misture o trigo para quibe com a água. Deixe descansar, tampado, por no mínimo 3 horas.

2. Mexa de vez em quando para que a água não se acumule no fundo.

3. Passadas as 3 horas, acrescente todos os ingredientes restantes e misture bem. Amasse bastante até que comece a criar liga. Nesse estágio, é preferível passar a massa duas vezes pelo moedor de carnes ou o processador de alimentos, a fim de diminuir os pedaços dos temperos e dar liga à massa. Se isso não for possível, triture bem os temperos antes de misturá-los à massa.

4. Mantenha a massa pronta coberta com plástico filme ou sacos plásticos próprios para alimentos até o momento de utilizá-la.

Nota:
na feitura do quibe, procure não utilizar carnes muito fibrosas, que contenham muito tecido conjuntivo (os chamados "nervos"), pois elas podem dar problema na textura do produto e fazer com que ele diminua durante a fritura.

DURABILIDADE

* 1 DIA NA GELADEIRA
* ESTA MASSA NÃO PODE SER CONGELADA PARA USO POSTERIOR.
* PODE SER CONGELADA APÓS A FORMATAÇÃO DO PRODUTO.
* PRAZO DE VALIDADE DO PRODUTO CONGELADO: 3 MESES.

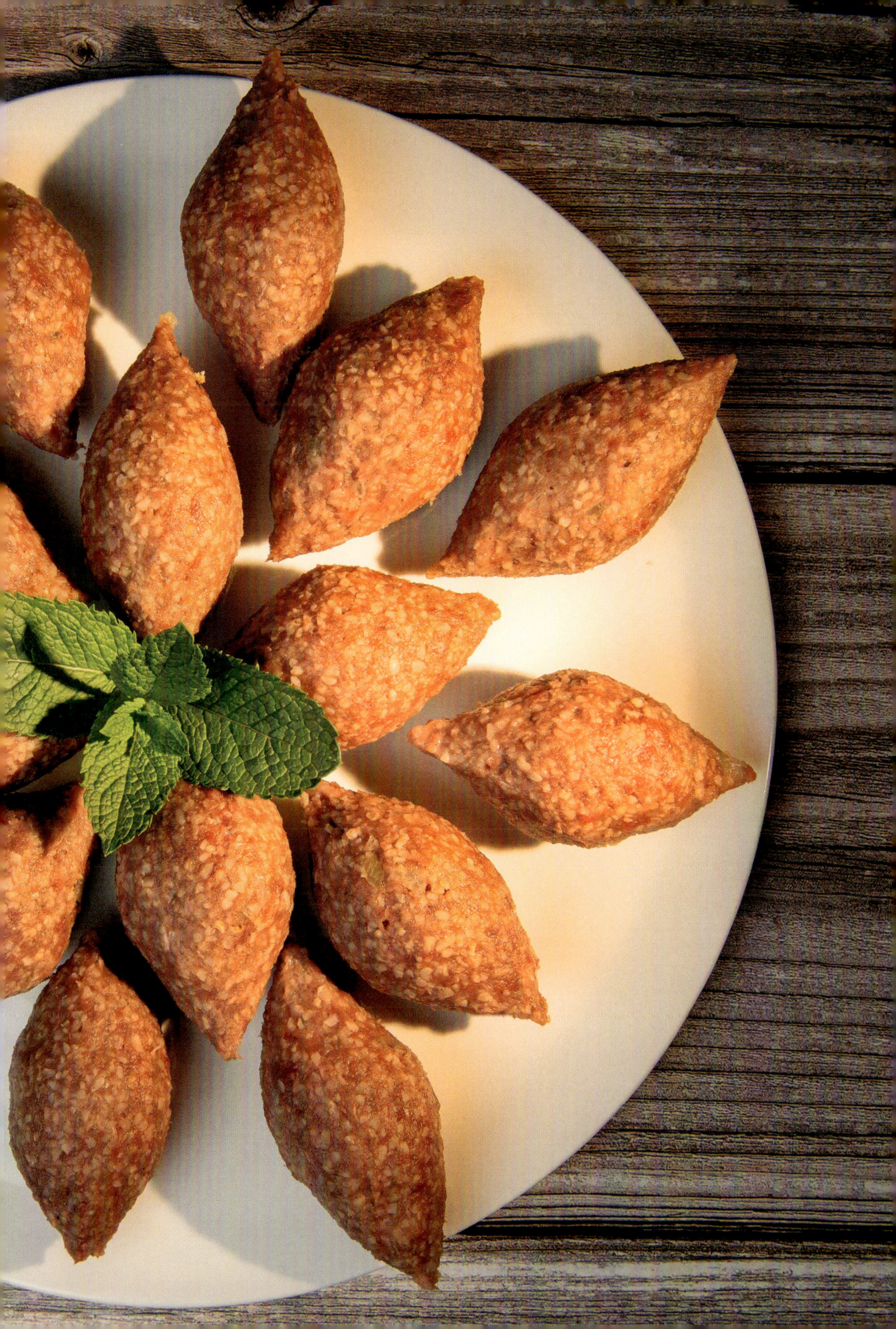

MASSA DE MANDIOCA PARA SALGADOS FRITOS

RENDIMENTO: 3,2 KG

3 kg de mandioca descascada e cozida

200 g de margarina 80% de lipídeos ou manteiga

10 g de salsinha

30 g de sal

1. Descasque e cozinhe a mandioca, mas não cozinhe demais, para que ela não se desmanche. Deixe o centro ainda meio esbranquiçado (*al dente*).

2. Escorra a mandioca, passe-a numa bacia com água e gelo para estancar o cozimento, escorra novamente e leve ao freezer ou geladeira para esfriar.

3. Quando a mandioca já estiver fria, esprema-a com espremedor de batatas ou passe pelo moedor de carnes.

4. Agregue a margarina ou manteiga, a salsinha e o sal. Misture até obter uma massa homogênea e consistente. Use essa massa para preparar coxinhas e croquetes especiais.

DURABILIDADE

- 1 DIA NA GELADEIRA
- PODE SER CONGELADA APÓS A FORMATAÇÃO DO PRODUTO.
- PRAZO DE VALIDADE DO PRODUTO CONGELADO: 3 MESES.

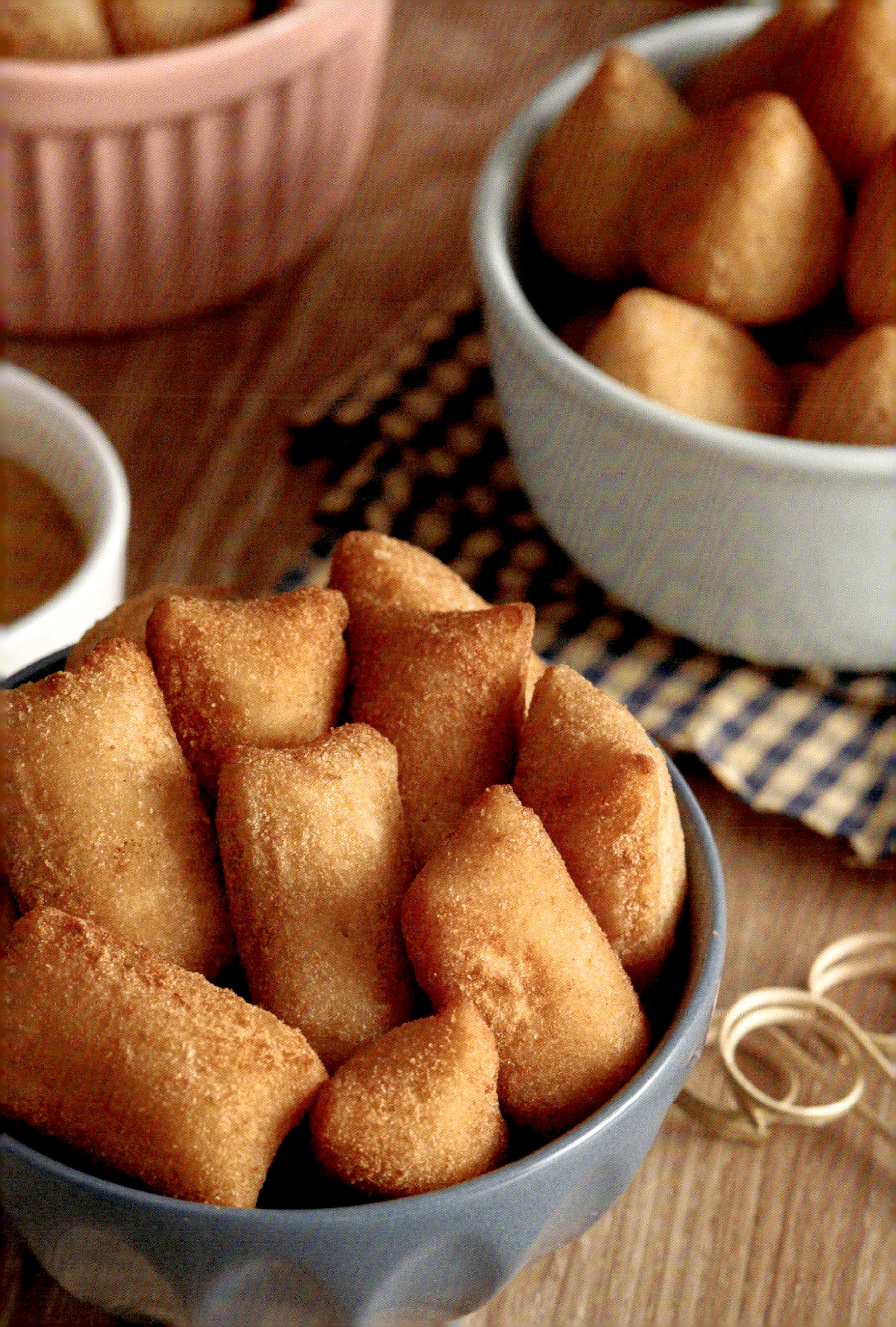

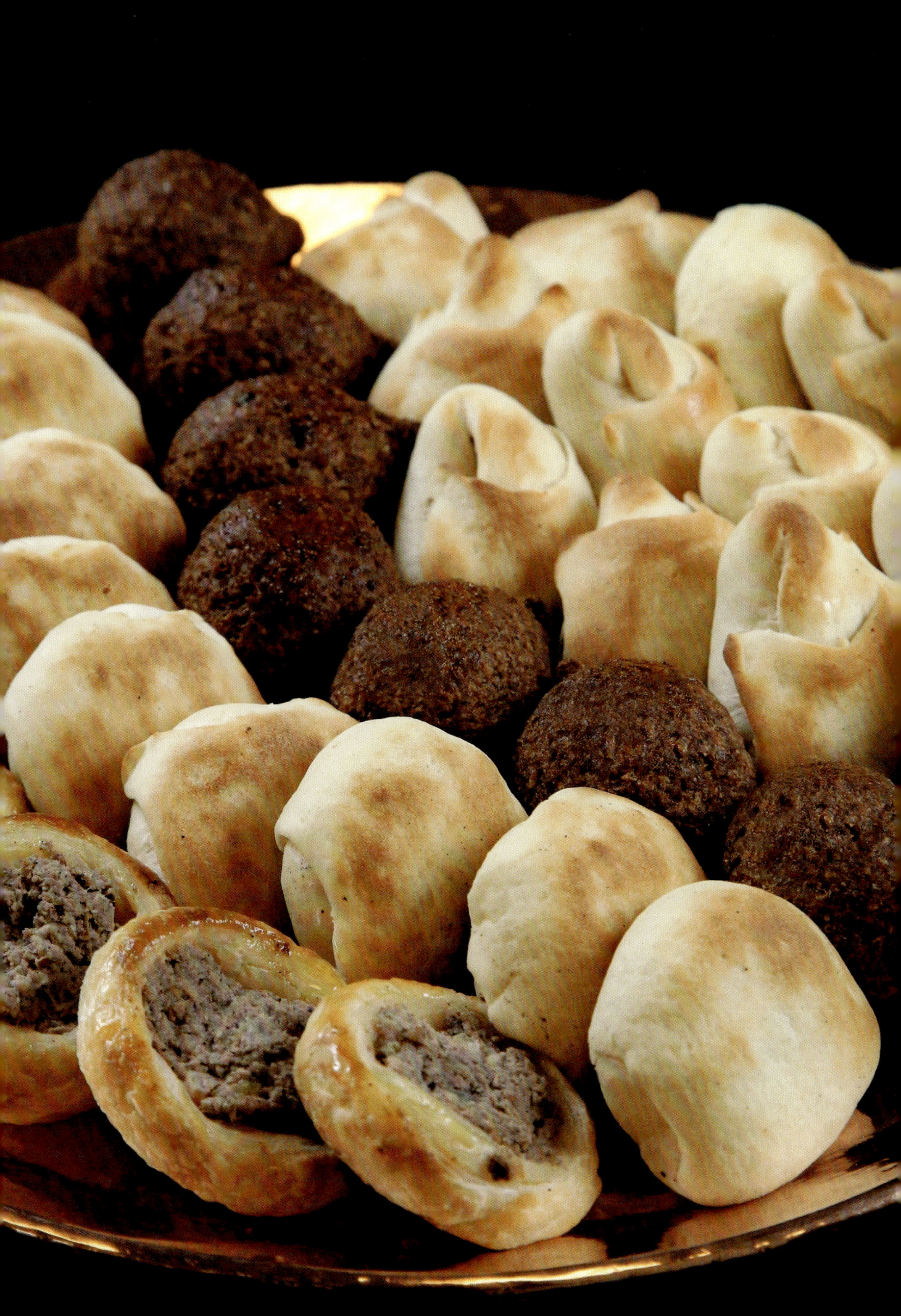

MASSA FERMENTADA PARA SALGADOS ASSADOS

RENDIMENTO: 1,7 KG

PRÉ-FERMENTO

500 g de farinha de trigo
450 g de água morna
150 g de açúcar
10 g de fermento biológico seco (levedura)

1. Misture todos os ingredientes em uma vasilha e deixe repousar, coberto com plástico próprio para alimentos, por 40 minutos.

MASSA

75 g de manteiga derretida
10 g de sal
1 ovo
500 g de farinha de trigo

1. Acrescente a manteiga, o sal e o ovo ao pré-fermento e misture até homogeneizar.

2. Acrescente o restante da farinha de trigo e misture até formar uma massa homogênea. Sove por pelo menos 5 minutos.

3. Deixe repousar por 1 hora antes de modelar pães ou salgados.

Nota: use a massa fermentada como padrão para todos os seus salgados assados, como enroladinhos de queijo e presunto (joelho, bauru, pão-pizza), enroladinhos de salsicha, esfirras abertas ou fechadas, pães recheados, etc.

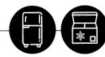

DURABILIDADE

* 3 DIAS NA GELADEIRA.
* PODE SER CONGELADA APÓS A FORMATAÇÃO DO PRODUTO, ESTANDO ELE CRU OU ASSADO.
* PRAZO DE VALIDADE DO PRODUTO CONGELADO: 3 MESES.

MASSA DE PASTEL DE FEIRA

RENDIMENTO: 2,9 KG

2 kg de farinha de trigo peneirada
40 g de sal
320 g de água fervida
150 g de gordura vegetal
50 g de cachaça
370 g de água gelada

1. Misture a farinha e o sal. Reserve.

2. Ferva a água e acrescente a gordura para que derreta.

3. Acrescente a mistura de água quente e gordura à farinha e mexa até formar uma farofa com grumos.

4. À parte, misture a cachaça com a água gelada; depois, acrescente à massa. Misture até a massa ficar homogênea, mas ainda pesada.

5. Coloque a massa em uma sacola plástica própria para alimentos e deixe descansar na geladeira por, pelo menos, 6 horas antes de abrir.

CILINDRO ELÉTRICO

Para quem deseja se profissionalizar no ramo de salgados, um cilindro elétrico é um bom investimento. Como o próprio nome diz, trata-se da versão elétrica daqueles abridores de massa tradicionais movidos a manivela. Com um cilindro elétrico, é possível otimizar o processo de abertura de massas, com opções de ajuste de espessura. A depender do modelo, também é possível fazer a etapa de laminação.

DURABILIDADE

* 15 DIAS NA GELADEIRA.

* PODE SER CONGELADA APÓS A FORMATAÇÃO DO PRODUTO (PASTÉIS).

* PRAZO DE VALIDADE DO PRODUTO CONGELADO: 1 MÊS.

6. Abra as lâminas com auxílio do cilindro elétrico, dobrando-a e abrindo-a pelo menos cinco vezes antes de finalizar, ou até que a massa fique lisa e sedosa – também é possível abri-la utilizando um cilindro manual. Quanto maior o número de dobras, melhor a qualidade e a crocância da massa, além de mais quantidade de minibolhas.

7. Abra a massa com 2 mm de espessura e na largura desejada.

8. Corte as lâminas no tamanho que desejar. Para guardá-las, embrulhe-as em plástico para não ressecarem ou faça rolos de massa, sempre utilizando plástico para evitar que as camadas grudem e a massa resseque.

MASSA PODRE PARA EMPADAS, QUICHES E TORTAS

RENDIMENTO: 1,8 KG

500 g de gordura de porco em temperatura ambiente

2 ovos

20 g de sal

1,1 kg de farinha de trigo

170 g de água

1. Misture a gordura com os ovos e o sal até formar um creme homogêneo.

2. Adicione metade da farinha e metade da água à mistura.

3. Mexa até formar uma pasta.

4. Adicione o restante da farinha e da água e misture até formar uma massa lisa e homogênea. **Não sove**, apenas misture.

DURABILIDADE

* 5 DIAS NA GELADEIRA.
* PODE SER CONGELADA APÓS A FORMATAÇÃO DO PRODUTO, ESTANDO ELE CRU OU ASSADO.
* PRAZO DE VALIDADE DO PRODUTO CONGELADO: 3 MESES.

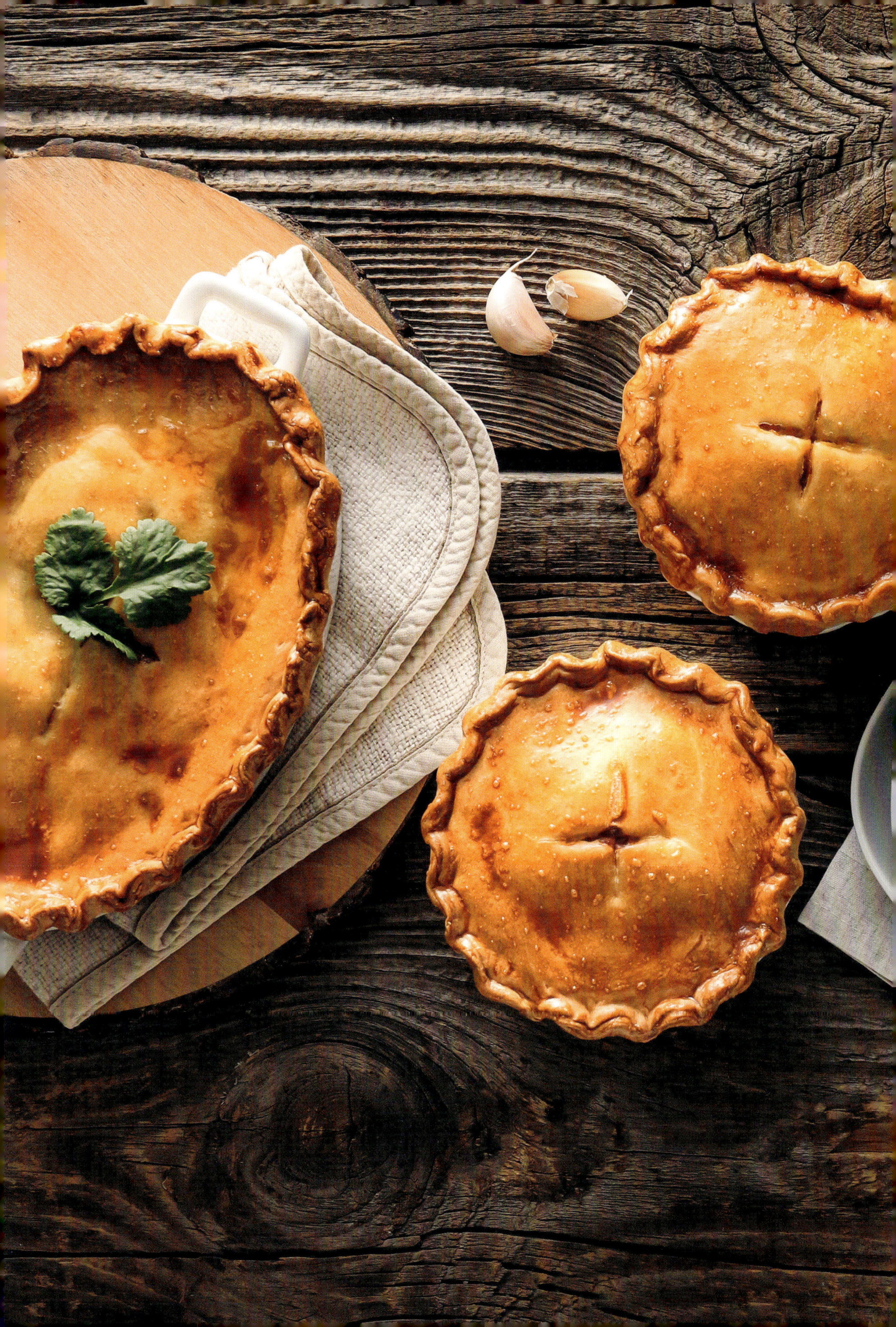

PÃO DE BATATA

RENDIMENTO: 3,6 KG

PRÉ-FERMENTO

20 g de fermento biológico seco (levedura)
50 g de açúcar
100 g de água
150 g de farinha de trigo peneirada

1. Misture todos os ingredientes e deixe repousar por 30 minutos.

MASSA

250 g de ovo
290 g de leite
400 g de açúcar
35 g de sal
700 g de batata cozida no vapor e amassada (ou 200 g de flocos de batata + 500 g de água para hidratar)
180 g de óleo
1,5 kg de farinha de trigo peneirada

1. Misture o ovo, o leite, o açúcar, o sal, a batata (ou os flocos hidratados) e o óleo.

2. Junte o pré-fermento e misture até homogeneizar.

3. Acrescente a farinha em duas partes e misture bem a cada adição.

4. Ao final, sove por 3 minutos.

5. Deixe crescer por 2 horas em temperatura ambiente ou por 12 horas na geladeira.

6. Porcione a massa no tamanho desejado (sugestão de peso: 40 g) e recheie como preferir (opções de recheio: requeijão cremoso, frango, calabresa). Este passo está mais bem descrito na p. 87, no tópico "Modelagem do pão de batata".

7. Deixe crescer por 10 minutos coberto com plástico próprio para alimentos. Pincele com gema antes de assar.

Nota: para assar seu pão de batata, preaqueça o forno a 180 °C por aproximadamente 10 minutos. Disponha os pães de batata em uma assadeira com um espaço de dois dedos entre eles. Asse por 15 a 20 minutos ou até que dourem.

DURABILIDADE

* 5 DIAS NA GELADEIRA.
* PODE SER CONGELADO APÓS A FORMATAÇÃO DO PRODUTO, ESTANDO ELE CRU OU ASSADO.
* PRAZO DE VALIDADE DO PRODUTO CONGELADO: 3 MESES

PÃO DE QUEIJO

RENDIMENTO: 8,3 KG

1,6 kg de leite

500 g de água

200 g de margarina ou manteiga

55 g de sal

300 g de óleo

1,5 kg de polvilho doce

1,5 kg de polvilho azedo

800 g de ovo inteiro

500 g de gemas

1 kg de queijo muçarela

300 g de queijo provolone

50 g de queijo parmesão

1. Em uma panela grande, acrescente o leite, a água, a margarina ou manteiga, o sal e o óleo.

2. Leve ao fogo alto, até atingir o ponto de fervura.

3. Em uma vasilha grande, que comporte toda a mistura, coloque os polvilhos e, em seguida, despeje a mistura líquida ainda em ponto de fervura. Mexa com uma colher grande até criar uma goma. Cuidado com a mistura quente.

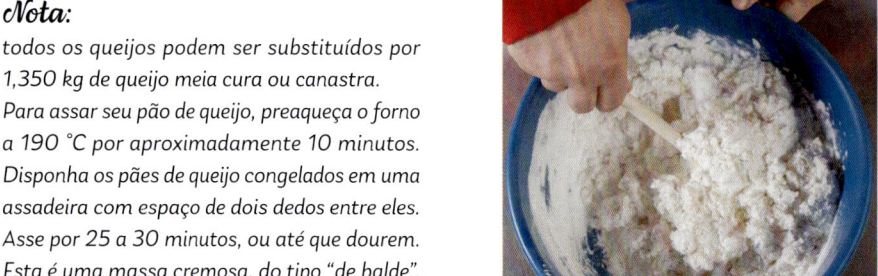

Nota:

todos os queijos podem ser substituídos por 1,350 kg de queijo meia cura ou canastra. Para assar seu pão de queijo, preaqueça o forno a 190 °C por aproximadamente 10 minutos. Disponha os pães de queijo congelados em uma assadeira com espaço de dois dedos entre eles. Asse por 25 a 30 minutos, ou até que dourem. Esta é uma massa cremosa, do tipo "de balde".

4. Após a temperatura da massa baixar um pouco, utilize as mãos para sovar até ficar uniforme e homogênea. Cuidado para não se queimar nesta etapa.

5. Deixe em descanso até esfriar por completo.

6. Após o tempo de descanso, acrescente os ovos e misture. (Obs.: a goma precisa esfriar bem antes de os ovos serem acrescentados, senão eles cozinham.)

7. Acrescente os queijos muçarela, provolone e parmesão.

8. Bata na batedeira em pequenas porções utilizando o batedor de massas médias (raquete), até que toda a massa esteja homogênea.

9. Coloque em uma bandeja plástica, cubra com plástico próprio para alimentos e leve à geladeira por 24 horas para firmar.

10. Unte as mãos com óleo e meça as bolinhas no tamanho desejado.

11. Coloque em formas de material metálico e leve para congelar por, pelo menos, 4 horas antes de embalar.

DURABILIDADE

- 7 DIAS NA GELADEIRA, EM RECIPIENTE BEM VEDADO.
- PODE SER CONGELADA APÓS A FORMATAÇÃO DO PRODUTO.
- PRAZO DE VALIDADE DO PRODUTO CONGELADO: 3 MESES.

RECHEIOS TRADICIONAIS

O que seria de uma deliciosa massa sem um recheio apetitoso para acompanhar? Nesta seção, estão as receitas dos recheios mais requisitados pelos clientes – boas sugestões tanto para quem está começando no ramo quanto para quem já atua nele e quer diversificar seus preparos.

RECHEIO DE FRANGO CREMOSO
(MÉTODO DIRETO)

RENDIMENTO: 4,8 KG

3 kg de peito de frango desossado cortado em cubos

750 g de água

300 g de molho de tomate

2 g de curry

20 g de sal

350 g de cebola picada

20 g de alho picado

200 g de flocos de batata (**ou** 200 g de farinha peneirada)

10 g de salsa picada

Nota:
para montar e rechear seus salgados, utilize sempre o recheio frio. Normalmente, as receitas de recheio de frango pedem para cozinhar o peito de frango com o osso por 40 minutos, e depois o frango é desossado, desfiado e refogado com os temperos. Nesta receita, porém, o frango entra na panela já sem o osso, com todos os temperos, e é cozido por 12 minutos. É por isso que este método é chamado de direto. O tempo de preparo e o resultado são os diferenciais.

1. Na panela de pressão, coloque: o peito de frango desossado e cortado em cubos, a água, o molho de tomate, o curry, o sal, a cebola picada e o alho picado.

2. Misture bem, tampe a panela e acenda o fogo.

3. Após pegar pressão, baixe o fogo e cozinhe por 10 a 12 minutos.

4. Apague o fogo e **não** retire a pressão da panela – espere até que a pressão saia naturalmente.

5. Após a panela perder a pressão, abra-a e mexa o frango até que ele desfie por completo. Não retire o caldo e tome cuidado para não se queimar.

6. Acenda novamente o fogo e, assim que o caldo começar a ferver novamente, adicione os flocos de batata ou a farinha peneirada.

7. Mexa bem até o recheio começar a soltar da panela (aproximadamente 3 minutos).

8. Apague o fogo e acrescente a salsa para finalizar.

DURABILIDADE

✱ 3 DIAS NA GELADEIRA.

✱ PODE SER CONGELADO APÓS A FORMATAÇÃO DO PRODUTO OU PARA USO POSTERIOR (CONGELE EM PORÇÕES PEQUENAS PARA FACILITAR O DESCONGELAMENTO).

✱ PRAZO DE VALIDADE DO PRODUTO CONGELADO: 3 MESES.

RECHEIO DE QUEIJO

RENDIMENTO: 3,5 KG

3 kg de queijo muçarela ralado ou triturado

500 g de requeijão cremoso

1. Misture os dois ingredientes até formar uma pasta homogênea e firme.

2. Para facilitar a modelagem do salgado, faça bolinhas de recheio no peso desejado e mantenha na geladeira, cobertas com plástico próprio para alimentos para evitar ressecamento, até o momento de utilizá-las.

Nota:
utilize o recheio de queijo gelado para facilitar a modelagem.
Você pode incrementar o seu recheio com alguns temperos, como: alho frito, orégano, manjericão, etc.

DURABILIDADE

* 3 DIAS NA GELADEIRA.

* PODE SER CONGELADO APÓS A FORMATAÇÃO DO PRODUTO OU PARA USO POSTERIOR (CONGELE EM PORÇÕES PEQUENAS PARA FACILITAR O DESCONGELAMENTO).

* PRAZO DE VALIDADE DO PRODUTO CONGELADO: 3 MESES.

RECHEIO DE PRESUNTO E QUEIJO

RENDIMENTO: 4,7 KG

2,5 kg de queijo muçarela ralado ou triturado

700 g de requeijão cremoso

1,5 kg de presunto triturado

1. Misture todos os ingredientes até que se forme uma pasta homogênea.

2. Para facilitar a modelagem do salgado, faça bolinhas de recheio no peso desejado e mantenha na geladeira, cobertas com plástico próprio para alimentos para evitar ressecamento, até o momento de utilizá-las.

Nota: utilize o recheio de presunto e queijo gelado para facilitar a modelagem. Você pode incrementar o seu recheio com alguns temperos, como: alho frito, orégano, manjericão, etc.

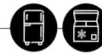

DURABILIDADE

* 3 DIAS NA GELADEIRA.

* PODE SER CONGELADO APÓS A FORMATAÇÃO DO PRODUTO OU PARA USO POSTERIOR (CONGELE EM PORÇÕES PEQUENAS PARA FACILITAR O DESCONGELAMENTO).

* PRAZO DE VALIDADE DO PRODUTO CONGELADO: 3 MESES.

RECHEIO DE CARNE COZIDO
(PARA USO GERAL)

RENDIMENTO: 3,7 KG

3 kg de carne moída
(patinho ou miolo de acém)
20 g de sal
300 g de cebola picada
20 g de alho picado
300 g de tomate picado
(sem semente)
2 g de orégano
1 g de pimenta-do-reino
80 g de flocos de batata
(ou 80 g de farinha peneirada)
10 g de salsa picada

1. Refogue a carne sem adicionar nenhum tempero.

2. Quando a carne estiver refogada, mas ainda com líquido, adicione o sal, a cebola, o alho, o tomate, o orégano e a pimenta-do-reino.

3. Baixe o fogo e cozinhe até que a cebola fique transparente, o tomate derreta e a água residual da carne evapore pela metade.

4. Adicione os flocos de batata ou a farinha peneirada e misture bem, cozinhando por 3 minutos.

5. Apague o fogo e adicione a salsa para finalizar.

Nota:
prepare o recheio de carne com 1 dia de antecedência e mantenha-o tampado na geladeira até o momento de usar.

DURABILIDADE

❋ 3 DIAS NA GELADEIRA.

❋ PODE SER CONGELADO APÓS A FORMATAÇÃO DO PRODUTO OU PARA USO POSTERIOR (CONGELE EM PORÇÕES PEQUENAS PARA FACILITAR O DESCONGELAMENTO).

❋ PRAZO DE VALIDADE DO PRODUTO CONGELADO: 3 MESES.

RECHEIO DE CARNE CRU
(PARA ESFIRRAS)

RENDIMENTO: 3,7 KG

3 kg de carne moída
(patinho ou miolo de acém)
20 g de sal
300 g de cebola picada
20 g de alho picado
300 g de tomate picado
(sem semente)
20 g de hortelã picada
1 g de pimenta-do-reino
20 g de salsinha picada
10 g de cebolinha picada
150 g de suco de limão
1 g de pimenta síria

1. Misture todos os ingredientes e deixe descansar por 1 hora na geladeira, coberto com plástico próprio para alimentos ou com tampa.

2. Passe todo o preparo para uma peneira e deixe repousar por mais 2 horas na geladeira, coberto com plástico próprio para alimentos.

3. Aperte a mistura de vez em quando, para ajudar na extração dos líquidos. Após as 2 horas, estará pronto para uso.

Nota: você pode preparar o recheio de carne cru com 1 dia de antecedência, basta mantê-lo tampado na geladeira até o momento de usar.

DURABILIDADE

* 3 DIAS NA GELADEIRA.
* PODE SER CONGELADO APÓS A FORMATAÇÃO DO PRODUTO OU PARA USO POSTERIOR (CONGELE EM PORÇÕES PEQUENAS PARA FACILITAR O DESCONGELAMENTO).
* PRAZO DE VALIDADE DO PRODUTO CONGELADO: 3 MESES.

RECHEIO DE PALMITO

RENDIMENTO: 2,8 KG

80 g de azeite de oliva

15 g de alho picado

300 g de cebola picada

180 g de molho de tomate

110 g de farinha de trigo

400 g de caldo-base de legumes

18 g de sal

1,8 kg de palmito em conserva picado

50 g de azeitona (verde ou preta) picada

20 g de salsinha picada

1. Aqueça o azeite e adicione o alho e a cebola. Refogue até a cebola ficar transparente.

2. Acrescente o molho de tomate e a farinha de trigo. Cozinhe até formar uma massa, por aproximadamente 2 minutos.

3. Acrescente o caldo-base **aos poucos**, para facilitar o cozimento, mexendo sempre para não empelotar. Mexa e cozinhe até formar uma crosta fina no fundo da panela.

4. Junte o sal, o palmito e a azeitona. Misture bem e apague o fogo. Finalize com a salsinha picada.

Nota:
para montar e rechear seus salgados, utilize sempre o recheio frio.

DURABILIDADE

✱ 3 DIAS NA GELADEIRA.

✱ PODE SER CONGELADO APÓS A FORMATAÇÃO DO PRODUTO OU PARA USO POSTERIOR (CONGELE EM PORÇÕES PEQUENAS PARA FACILITAR O DESCONGELAMENTO).

✱ PRAZO DE VALIDADE DO PRODUTO CONGELADO: 3 MESES.

RECHEIO DE CAMARÃO

RENDIMENTO: 2,3 KG

80 g de azeite de oliva

15 g de alho picado

300 g de cebola picada

180 de molho de tomate

400 g de caldo-base de legumes

200 g de tomate picado
(sem sementes)

130 g de farinha de trigo

18 g de sal

1 kg de camarão limpo e picado grosseiramente

50 g de azeitona
(verde ou preta) picada

20 g de salsinha picada

1. Aqueça o azeite e adicione o alho e a cebola. Refogue até a cebola ficar transparente.

2. Acrescente o molho de tomate, uma parte do caldo-base, o tomate picado e a farinha de trigo. Cozinhe até formar um creme espesso, por aproximadamente 2 minutos.

3. Acrescente o restante do caldo-base **aos poucos**, para facilitar o cozimento, mexendo sempre para não empelotar. Mexa bem e cozinhe até formar uma crosta fina no fundo da panela.

4. Junte o sal, o camarão e a azeitona. Misture bem e cozinhe por 3 minutos, aproximadamente. (Obs.: o camarão tem um tempo de cozimento muito curto, e também não podemos esquecer do tempo de forno, para que ele não fique com textura "borrachuda".)

5. Apague o fogo e finalize com a salsinha picada.

Nota:

para montar e rechear seus salgados, utilize sempre o recheio frio.

DURABILIDADE

* 3 DIAS NA GELADEIRA.

* PODE SER CONGELADO APÓS A FORMATAÇÃO DO PRODUTO OU PARA USO POSTERIOR (CONGELE EM PORÇÕES PEQUENAS PARA FACILITAR O DESCONGELAMENTO).

* PRAZO DE VALIDADE DO PRODUTO CONGELADO: 3 MESES.

OUTROS QUITUTES

Nesta seção, estão agrupados tanto quitutes de preparo muito simples, como o croquete de carne, quanto de preparo mais elaborado, como as quiches – opções versáteis à sua escolha, a depender de sua disponibilidade.

CROQUETE DE CARNE

RENDIMENTO: 4,7 KG

3 kg de massa básica de salgado pronta e fria (p. 43)

1,7 kg de recheio de carne moída cozido pronto e frio (p. 66)

1. Misture a massa básica com o recheio até que fique homogêneo.

2. Modele os croquetes no tamanho que desejar. Sugerimos 25 g para salgados tipo festa e 80 g para salgados tipo lanchonete.

3. Empane (ver capítulo 4) e congele em fôrmas de material metálico por, pelo menos, 8 horas antes de embalar.

4. Frite **sempre** congelado.

Nota:
este método de preparo de croquete é o mais utilizado. Você pode usar, na mesma proporção desta receita, recheios variados como base (frango, carne-seca, camarão, palmito, etc.), desde que eles sejam cremosos.

DURABILIDADE

- 1 DIA NA GELADEIRA.
- A MASSA NÃO PODE SER CONGELADA PARA USO POSTERIOR.
- PODE SER CONGELADA APÓS A FORMATAÇÃO DO PRODUTO.
- PRAZO DE VALIDADE DO PRODUTO CONGELADO: 3 MESES.

BOLINHO DE BACALHAU

RENDIMENTO: 5,630 KG

3,750 kg de batatas
(ou 1 kg de flocos de batata +
2,75 kg de água para hidratar)
200 g de cebola ralada
50 g de alho ralado
10 g de salsinha picada
1,25 kg de bacalhau
(dessalgado, cozido, desfiado e sem espinhas)
350 g de farinha de trigo
10 g de sal (opcional)

1. Cozinhe as batatas, descasque-as e amasse até formar um purê – ou, se estiver usando os flocos, hidrate-os e reserve. Se preferir, utilize a água do cozimento do bacalhau.

2. Adicione a cebola ralada, o alho ralado, a salsinha picada, o bacalhau e a farinha de trigo.

3. Misture bem até ficar homogêneo.

4. Prove o sal e corrija, se necessário.

5. Para modelar, unte as mãos com um pouco de óleo e modele croquetes ou bolinhas, o que for mais fácil para você.

Nota:

para congelar, coloque os bolinhos modelados em uma fôrma de material metálico e congele por, pelo menos, 8 horas antes de embalar. **Não** descongele para fritar.

DURABILIDADE

- 1 DIA NA GELADEIRA
- PODE SER CONGELADO APÓS A FORMATAÇÃO DO PRODUTO.
- PRAZO DE VALIDADE DO PRODUTO CONGELADO: 3 MESES.

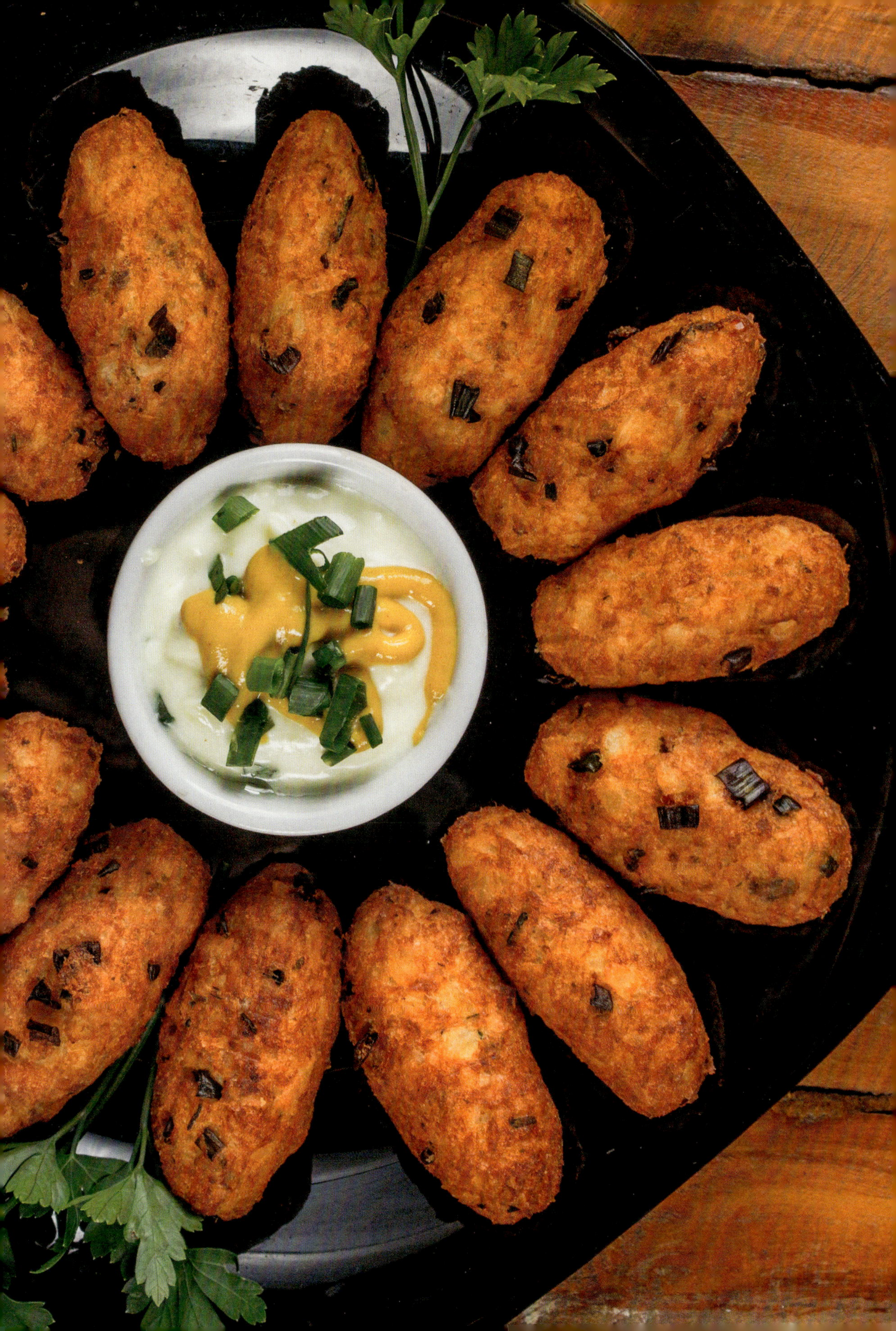

QUICHE TIPO LORRAINE

RENDIMENTO: 20 MINIQUICHES DE 6 CM DE DIÂMETRO

1,8 kg de massa podre (p. 56)
300 g de bacon picado
100 g de cebola picada
5 g de alho picado
500 g de queijo muçarela ralado
300 g de presunto ralado
8 ovos
500 g de creme de leite fresco ou UHT (de caixinha)
1 pitada de noz-moscada
5 g de sal

Passo 1 – Forrando as forminhas

1. Separe forminhas redondas. Para fazer miniquiches como as da fotografia, foram usadas 20 fôrmas de 6 cm de diâmetro e 2,5 cm de altura.

2. Abra a massa podre entre dois plásticos próprios para alimentos, até que ela tenha uma espessura de 3 mm, aproximadamente.

3. Corte discos de massa com a ajuda da boca de um copo ou de cortadores específicos. O disco deve ser duas vezes maior do que a forminha que vai acomodá-lo.

4. Centralize a massa na forminha e modele-a de modo a preencher bem o fundo e cobrir as bordas. Deixe uma pequena sobra na borda da forminha.

5. Repita esse processo em todas as forminhas.

6. Com a ajuda de uma faca ou espátula, retire as rebarbas que sobraram nas bordas.

7. Leve as forminhas forradas com massa à geladeira até o momento de recheá-las.

Passo 2 – Preparando o recheio

1. Em uma panela pequena, frite o bacon até que ele doure e solte um pouco da gordura.

2. Adicione a cebola e o alho picados e mexa bem, soltando todo o resíduo da fritura do bacon.

3. Cozinhe até a cebola ficar transparente. Reserve até esfriar por completo.

4. Depois que o preparo com o bacon esfriar, misture ao queijo muçarela e o presunto ralados. Não mexa demais, apenas misture de forma que o recheio fique homogêneo, mas com pedacinhos soltos.

5. Aplique o recheio nas forminhas forradas com a massa podre, deixando um espaço longe da borda.

Passo 3 – Creme

1. Em uma vasilha grande, bata os ovos ligeiramente, apenas para quebrar as gemas.

2. Junte o creme de leite fresco ou UHT, a noz-moscada e o sal. Misture até virar um creme homogêneo.

3. Despeje sobre o recheio em cada forminha, até atingir a borda da massa, com o cuidado de não transbordar.

Finalização

1. Leve ao forno preaquecido a 190 °C e asse por aproximadamente 40 minutos, ou até que as bordas da massa e o recheio fiquem dourados.

DURABILIDADE

* 5 DIAS NA GELADEIRA.
* PODE SER CONGELADA DEPOIS DE ASSADA (COM RECHEIO). DEIXE ESFRIAR POR COMPLETO ANTES DE LEVAR AO FREEZER.
* PRAZO DE VALIDADE DO PRODUTO CONGELADO: 3 MESES.

QUICHE DE ESPINAFRE

RENDIMENTO: 20 MINIQUICHES DE 6 CM DE DIÂMETRO

1,8 kg de massa podre

30 g de azeite de oliva

5 g de alho picado

100 g de cebola picada

1,5 kg de espinafre lavado e picado

8 g de sal

200 g de cream cheese

500 g de queijo ricota sem sal

1 pitada de noz-moscada

300 g de muçarela ralada

200 g de creme de leite fresco ou UHT (de caixinha)

4 ovos

Passo 1 – Forrando as forminhas

1. Separe forminhas redondas. Para fazer miniquiches como as da fotografia, foram usadas 20 fôrmas de 6 cm de diâmetro e 2,5 cm de altura.

2. Abra a massa podre entre dois plásticos próprios para alimentos, até que ela tenha uma espessura de 3 mm, aproximadamente.

3. Corte discos de massa com a ajuda da boca de um copo ou de cortadores específicos. O disco deve ser duas vezes maior do que a forminha que vai acomodá-lo.

4. Centralize a massa na forminha e modele-a de modo a preencher bem o fundo e cobrir as bordas. Deixe uma pequena sobra na borda da forminha.

5. Repita esse processo em todas as forminhas.

6. Com a ajuda de uma faca ou espátula, retire as rebarbas que sobraram nas bordas.

7. Leve as forminhas forradas com massa à geladeira até o momento de recheá-las.

Passo 2 – Preparando o recheio

1. Em uma panela grande, aqueça o azeite e adicione o alho e a cebola. Deixe cozinhar até que a cebola fique transparente.

2. Adicione o espinafre lavado e picado e vá mexendo de baixo para cima, de forma que o espinafre se misture ao refogado da cebola e do alho e comece a murchar em contato com o calor da panela.

3. Cozinhe até que o espinafre murche e fique macio e até secar um pouco da água acumulada no fundo da panela.

4. Adicione o sal, o cream cheese, a ricota sem sal e a noz-moscada. Misture bem e deixe cozinhar até que o cream cheese derreta.

5. Apague o fogo e reserve para esfriar.

6. Depois de frio, acrescente o queijo muçarela ralado, o creme de leite fresco ou UHT e os ovos ligeiramente batidos.

7. Aplique o recheio nas forminhas forradas com a massa podre, de modo a preenchê-las até a borda.

Finalização

1. Leve ao forno preaquecido a 190 °C e asse por aproximadamente 40 minutos, ou até que as bordas da massa e o recheio fiquem dourados.

DURABILIDADE

* 5 DIAS NA GELADEIRA.
* PODE SER CONGELADA DEPOIS DE ASSADA (COM RECHEIO). DEIXE ESFRIAR POR COMPLETO ANTES DE LEVAR AO FREEZER.
* PRAZO DE VALIDADE DO PRODUTO CONGELADO: 3 MESES.

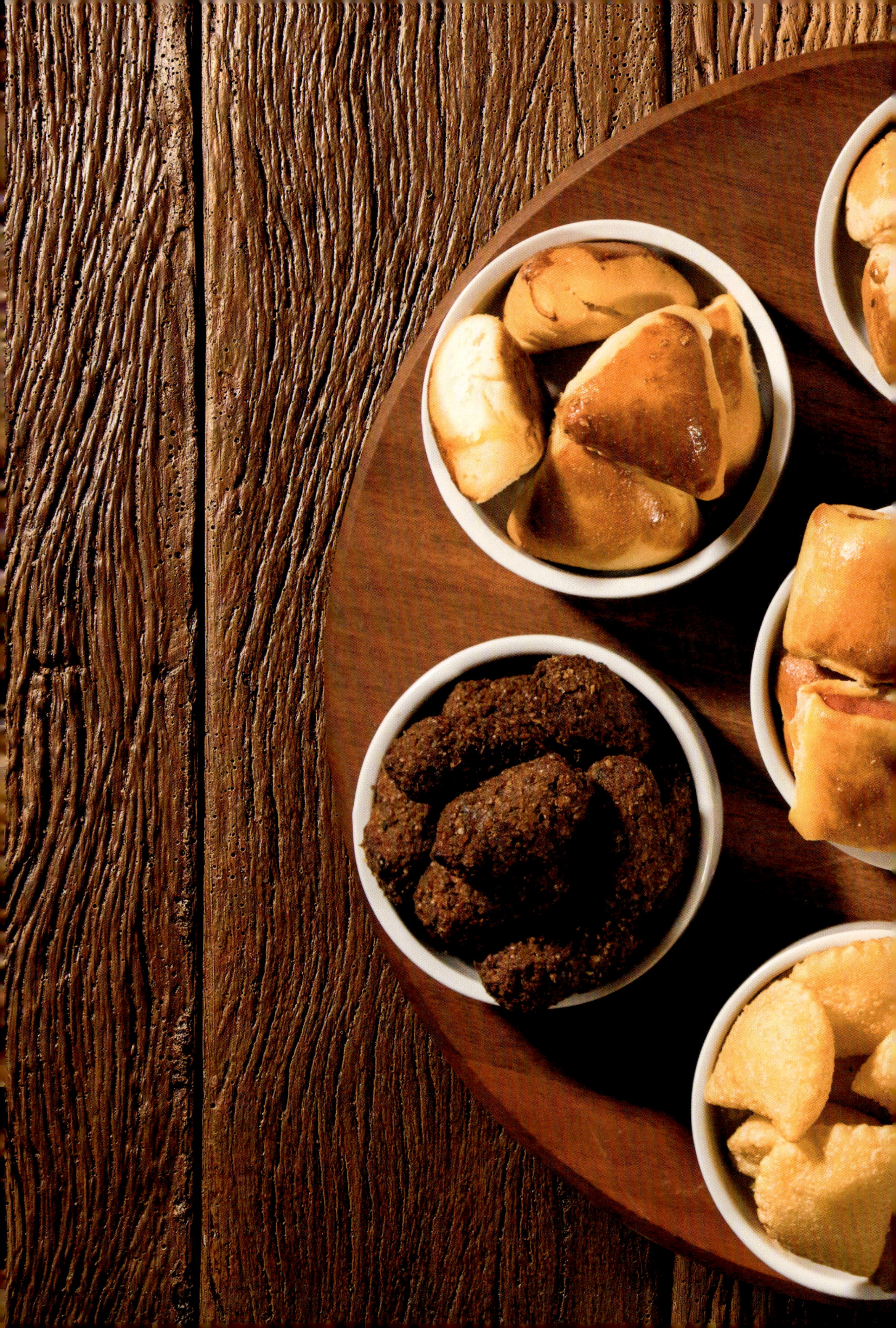

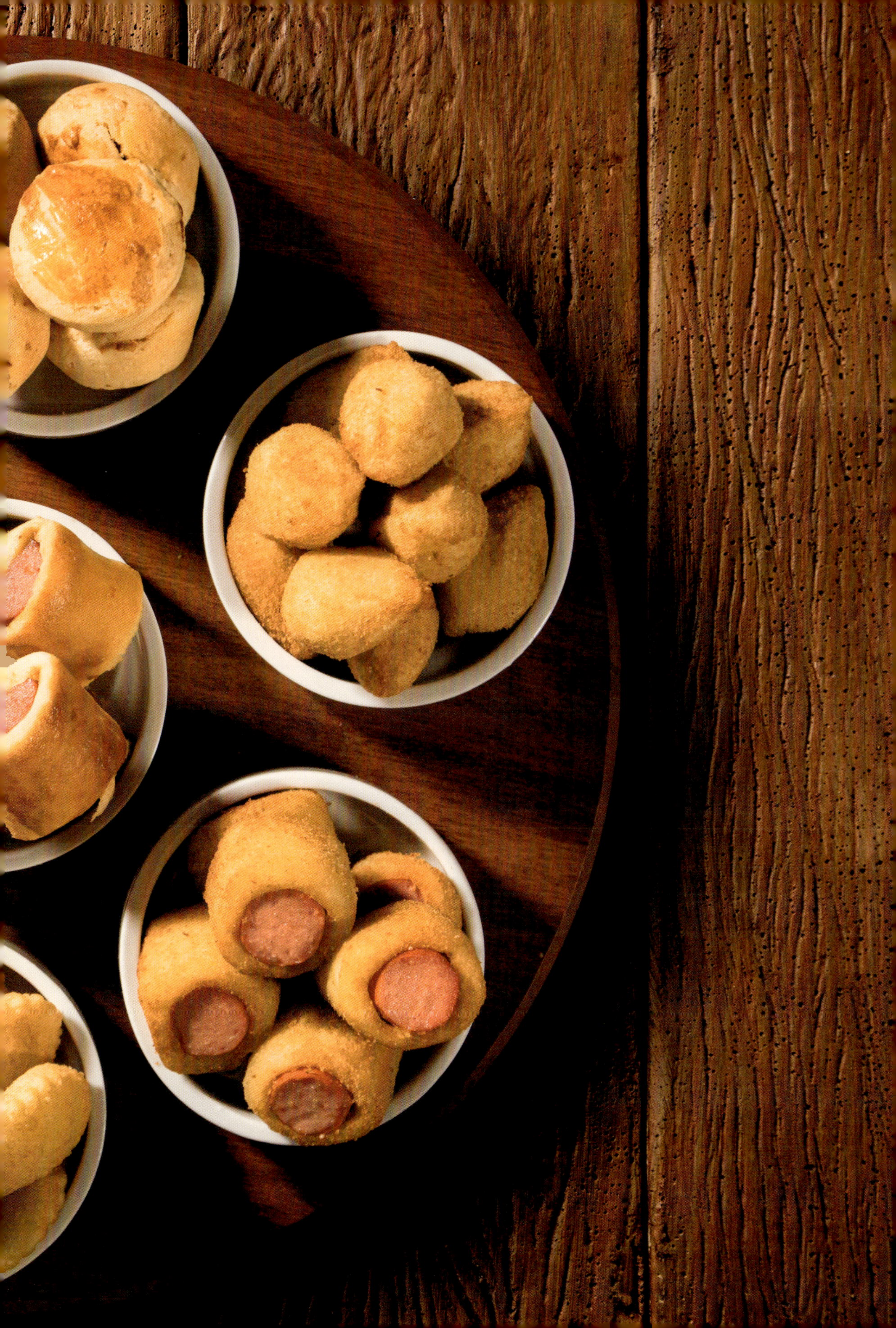

MODELAGEM
E
empanamento

CAPÍTULO 4

Sozinha, uma boa receita não é garantia de um bom produto. Para que um salgado tenha uma boa aparência e não apresente problemas na hora de ser frito ou assado, é fundamental conhecer bem as técnicas de modelagem e empanamento apresentadas neste capítulo. Além de garantirem que todo o sabor seja preservado, essas técnicas ajudam a conferir uma apresentação profissional e uniformizada aos produtos.

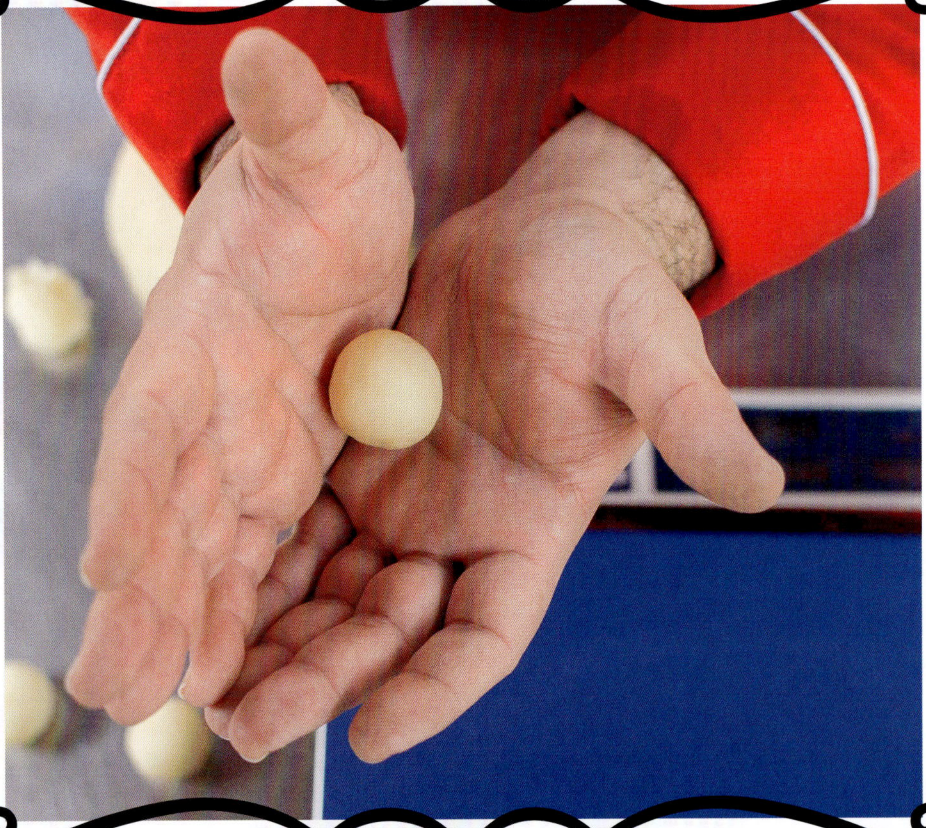

TÉCNICAS E EXEMPLOS DE MODELAGEM

Este passo, juntamente com a fritura, é o mais importante de todo o processo produtivo. Devemos prestar atenção durante a modelagem para que o salgado não fique com ar por dentro. Por isso, sempre ensino este método simples e eficaz, que serve para qualquer salgado, inclusive para a empada: o **método do copinho**.

Para que um salgado seja bem apresentável, é preciso manter a padronização do começo ao fim. Por isso, o uso da balança é imprescindível.

Considere sempre uma boa proporção entre massa e recheio. Sugiro entre **20%** e **30%** de recheio e entre **80%** e **70%** de massa.

A seguir, usaremos como exemplo a modelagem de uma coxinha de 26 g, sendo 6 g de recheio (aproximadamente 23%) e 20 g de massa (aproximadamente 77%).

Passo a passo do método do copinho

coxinha
////////////////////////////////

1. Faça uma "cobrinha" com uma parte da massa básica para salgados sem leite (p. 43) e divida-a em pedacinhos de mesmo tamanho.

2. Faça uma bolinha com cada pedacinho de massa e pese-a na balança. Cada bolinha deve ter 20 g.

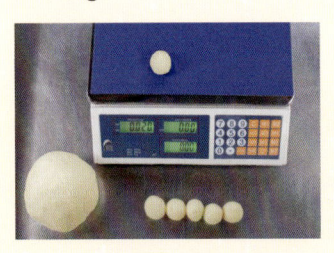

3. Reserve as bolinhas modeladas mantendo-as sempre cobertas com plástico próprio para alimentos, para que não ressequem.

4. Pegue uma bolinha e apoie na palma da mão. Com o dedo indicador, aperte o centro; enquanto pressiona, vá girando a bolinha para formar uma cavidade.

5. A cavidade deve ter o tamanho aproximado do recheio, que será acrescentado no próximo passo. Assim, o recheio se encaixará perfeitamente, o que facilitará o fechamento. Evite deixar o fundo da cavidade muito fino. Se, ao olhar contra a luz, você enxergar claridade através da bolinha, amasse-a e faça a cavidade novamente.

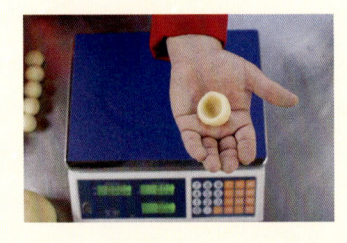

6. Com uma colher de sobremesa, pegue uma quantidade pequena de recheio e a posicione no centro da cavidade. O recheio deve ter em torno de 6 g, totalizando 26 g de salgado modelado.

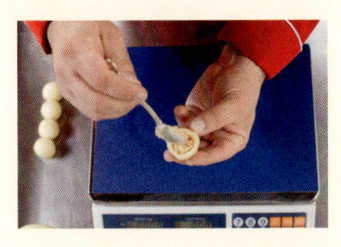

7. Para fechar o salgado, junte as bordas da massa cuidadosamente, para evitar a entrada de ar no espaço entre a massa e o recheio.

8. Assim que o orifício da cavidade já estiver totalmente fechado, puxe delicadamente as bordas para cima, para começar a dar ao salgado o formato da coxinha.

9. Retire o excedente de massa, formando a ponta da coxinha.

10. Finalize boleando a coxinha com a palma das mãos, fazendo uma leve pressão e girando.

Importante: recheios pastosos, como frango ou palmito, são difíceis de serem pesados individualmente, antes da montagem; a pesagem deve ser feita durante a modelagem.

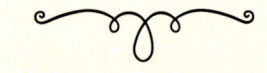

Na finalização do salgado, você pode dar a ele o formato que desejar. Veja, nas imagens a seguir, os formatos mais comuns: bolinha, quibe (salgado com duas pontas), rissole e croquete.

BOLINHA DE QUEIJO

Para a bolinha de queijo, achate a ponta formada após a retirada do excesso de massa (passo 9 da modelagem da coxinha) e boleie utilizando a palma das mãos, fazendo movimentos circulares.

IMAGENS **1 2 3**

- - - - - - - - - - - - -

QUIBE OU SALGADO COM DUAS PONTAS

Para o quibe ou salgado com duas pontas siga os passos de modelagem da coxinha. Na finalização, boleie um dos lados com a palma das mãos, fazendo uma leve pressão e girando; então repita esse movimento do outro lado, a fim de formar duas pontas.

IMAGENS **4 5**

- - - - - - - - - - - - -

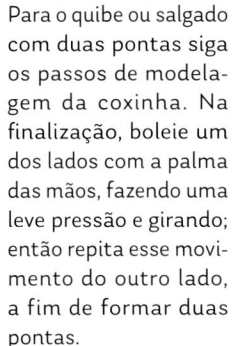

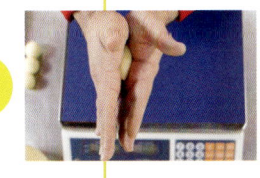

RISSOLE

Para o rissole, siga o mesmo procedimento para formatar o salgado com duas pontas. Após formatado, achate-o com a palma das mãos para formar um tipo de disco.

IMAGENS **6 7**

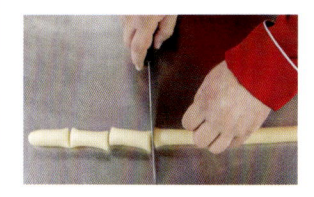

CROQUETE

Para o croquete, faça um rolo de massa na espessura que desejar e corte-o no tamanho que preferir com a ajuda de uma espátula ou faca. Se necessário, termine de modelá-lo à mão para deixar as extremidades mais bem acabadas.

• 85 •

MODELAGEM
esfirra fechada
////////////////////////////////

1. Corte e pese bolas de massa fermentada para salgados assados (p. 53) de 40 g, ou do peso que desejar.

2. Com um rolo de macarrão ou um cilindro, abra a massa em uma espessura de aproximadamente 3 mm. Nesta etapa, leve em conta que o fermento biológico não para de agir. Portanto não deixe a massa aberta por muito tempo, pois isso dificultaria o fechamento do salgado.

3. Recheie com o que preferir. O recheio de carne cozido da p. 66 é ideal para este preparo. Para as 40 g de massa sugeridas aqui, coloque 30 g desse recheio.

4. Para o fechamento, siga o esquema ilustrado na imagem a seguir.

5. Disponha as esfirras na fôrma com as dobras viradas para baixo. Deixe crescer por 5 minutos, cobertas com plástico próprio para alimentos para não ressecarem.

6. Pincele com gema e leve para assar a 180 °C por 15 a 20 minutos, ou até dourar.

> **NOTA:**
> ESTE PROCEDIMENTO SERVE PARA QUALQUER TIPO DE RECHEIO: QUEIJO, RICOTA, FRANGO COM REQUEIJÃO, ESCAROLA, ESPINAFRE, CALABRESA, ETC.

MODELAGEM
esfirra aberta
////////////////////////////////

1. Corte e pese bolas de 40 g de massa fermentada para salgados assados (p. 53), ou do peso que desejar. Reserve cobertas com plástico filme para não ressecarem.

2. Deixe descansar por 10 minutos antes de começar a modelar.

3. Enquanto isso, faça uma mistura de 50% de farinha de trigo e 50% de fubá, o quanto baste para abrir todas as massas.

4. Polvilhe essa mistura na bancada e abra a massa com a ajuda dos dedos, puxando sempre do centro para as laterais.

5. Pegue o equivalente a 30 g de recheio de carne cru (p. 67) e pressione-o sobre a massa, achatando o máximo possível e tomando o cuidado de deixar uma borda.

6. Coloque na assadeira e leve para assar em forno preaquecido a 190 °C por 15 minutos, ou até dourar.

MODELAGEM
pão de batata

1. Corte e pese bolas de massa de pão de batata (p. 59) de 40 g, ou do peso que desejar. Boleie.

2. Com as mãos, abra a massa em uma espessura de aproximadamente 3 mm. Nesta etapa, leve em conta que o fermento biológico não para de agir. Portanto não deixe a massa aberta por muito tempo, pois isso dificultaria o fechamento do salgado.

3. Recheie com o que preferir – aqui, o recheio usado são 15 g de requeijão cremoso. Feche, formando uma bola.

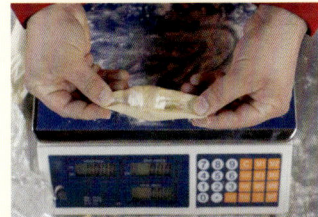

4. Disponha os pães em uma assadeira. Deixe-os descansar por 10 minutos, cobertos com plástico próprio para alimentos para não ressecarem.

5. Pincele com gema e leve para assar a 180 °C por 15 a 20 minutos, ou até dourar.

MODELAGEM
empada

1. Separe aproximadamente 60 forminhas redondas de 3 cm de diâmetro.

2. Faça várias bolinhas de massa podre (p. 56) de 30 g. Reserve mantendo-as cobertas com plástico próprio para alimentos para não ressecarem.

3. Pegue uma bolinha e apoie na palma da mão. Com o dedo indicador, aperte o centro; enquanto pressiona, vá girando a bolinha para formar uma cavidade.

4. A cavidade deve ter o tamanho aproximado do recheio, que será acrescentado no próximo passo. Assim, o recheio se encaixará perfeitamente, o que facilitará o fechamento. Evite deixar o fundo da cavidade muito fino. Se, ao olhar contra a luz, você enxergar claridade através da bolinha, amasse-a e faça a cavidade novamente.

5. Com uma colher de sobremesa, pegue uma quantidade pequena de recheio e a posicione no centro da cavidade. O recheio deve ter em torno de 25 g, totalizando 55 g de salgado modelado.

6. Para fechar o salgado, junte as bordas da massa cuidadosamente, para evitar a entrada de ar no espaço entre a massa e o recheio. Feche deixando uma pontinha.

Importante: recheios pastosos, como frango ou palmito, são difíceis de serem pesados individualmente, antes da montagem; a pesagem deve ser feita durante a modelagem.

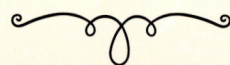

7. Finalize boleando com a palma das mãos. Disponha a bolinha recheada na fôrma, com o lado da abertura voltado para baixo. Faça uma leve pressão com a palma da mão para acomodar a bolinha na fôrma e dar a ela a aparência de empada.

8. Pincele com gema e leve ao forno preaquecido a 190 °C por 25 a 30 minutos, ou até dourar. Para garantir um bom assamento, pegue uma das empadas, retire-a da forminha e verifique se está dourada por baixo; caso não esteja, volte as empadas ao forno até dourarem por completo.

MODELAGEM
quibe
////////////////////////////////

1. Faça várias bolinhas de 55 g com a massa para quibe (p. 48). Reserve mantendo-as sempre cobertas com plástico próprio para alimentos para que não ressequem.

2. Pegue uma bolinha e apoie na palma da mão. Com o dedo indicador, aperte o centro; enquanto pressiona, vá girando a bolinha para formar uma cavidade.

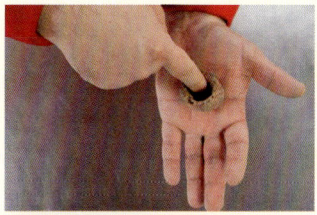

3. A cavidade deve ter o tamanho aproximado do recheio, que será acrescentado no próximo passo. Assim, o recheio se encaixará perfeitamente, o que facilitará o fechamento. Evite deixar o fundo da cavidade muito fino. Se, ao olhar contra a luz, você enxergar claridade através da bolinha, amasse-a e faça a cavidade novamente.

Importante: recheios pastosos são difíceis de serem pesados individualmente, antes da montagem; a pesagem deve ser feita durante a modelagem.

4. Com uma colher de sobremesa, pegue uma quantidade pequena de recheio de carne cozido (p. 66) e a posicione no centro da cavidade. O recheio deve ter em torno de 25 g, totalizando 80 g de salgado modelado.

5. Para fechar o salgado, junte as bordas da massa cuidadosamente, para evitar a entrada de ar no espaço entre a massa e o recheio.

6. Finalize boleando com a palma das mãos e fazendo uma leve pressão nas extremidades para dar o formato de quibe.

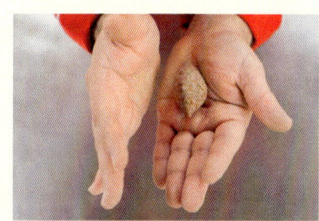

7. Leve para congelar logo após a formatação.

TÉCNICAS DE EMPANAMENTO

Você sabia que não é o empanamento que dá crocância ao salgado?

Existem muitas formas de empanar um salgado, e todas elas são válidas. Apesar disso, existe um mito de que é o tipo de empanamento que define se o salgado é mais ou menos crocante. Essa informação não é verdadeira.

A crocância se deve à fritura (da qual falaremos no próximo capítulo), em virtude do processo de **desidratação** que ocorre durante o procedimento, um efeito da evaporação de parte da água contida na massa.

Importante: apenas os salgados **fritos**, com exceção de pastéis e quibes, precisam ser empanados. Os salgados assados vão direto para o forno sem empanamento, respeitando-se as eventuais orientações da receita sobre tempo de descanso pós-modelagem.

Passo a passo do empanamento

PREPARANDO A MISTURA

Já pensou ser possível, com apenas 200 mL de líquido, empanar até 2 mil salgados? Com o método apresentado a seguir, isso é possível.

Você vai precisar de:

- 2 vasilhas redondas de inox ou plástico;
- fôrmas metálicas para colocar os salgados já empanados;
- 200 mL de líquido (mistura para empanamento); e
- farinha de rosca (o quanto for necessário).

MISTURAS LÍQUIDAS PARA EMPANAMENTO

1	200 mL de água + 1 colher (sopa) de farinha de trigo.
2	200 mL de água + 1 clara.
3	100 mL de água + 100 mL de leite.
4	200 mL de água + 10 mL de álcool 90° ou vinagre de álcool.
5	200 mL de água + 10 g de glucose de milho.
6	5 claras.

Empanamento

1. Coloque 20 unidades de salgados em uma das vasilhas. Despeje um pouco do líquido (em torno de 1 colher de sopa) sobre os salgados e mexa até que todos fiquem levemente úmidos.

2. Transfira os salgados para a vasilha com a farinha de rosca. Agite a vasilha para que a farinha grude uniformemente em todos.

3. Coloque os salgados já empanados nas fôrmas. Evite sobrepô-los para que eles não rachem nem fiquem esmagados.

4. Leve para congelar logo após o empanamento.

NOTA:

FRITAR OS SALGADOS FRESCOS LOGO APÓS EMPANÁ-LOS PODE ACARRETAR DESCASCAMENTO E ENCHARCAMENTO. PARA EVITAR ISSO, SE QUISER OU PRECISAR FRITÁ-LOS AINDA FRESCOS, UTILIZE APENAS CLARA COMO MISTURA LÍQUIDA. AS CLARAS SECAM RAPIDAMENTE E FAZEM A FARINHA DE ROSCA ADERIR COM MAIS FACILIDADE, EVITANDO QUE ELA SE SOLTE DURANTE A FRITURA. OUTROS LÍQUIDOS COMO LEITE E ÁGUA PRECISAM DE UM TEMPO DE DESCANSO PARA QUE A FARINHA POSSA ADERIR À SUPERFÍCIE DOS SALGADOS.

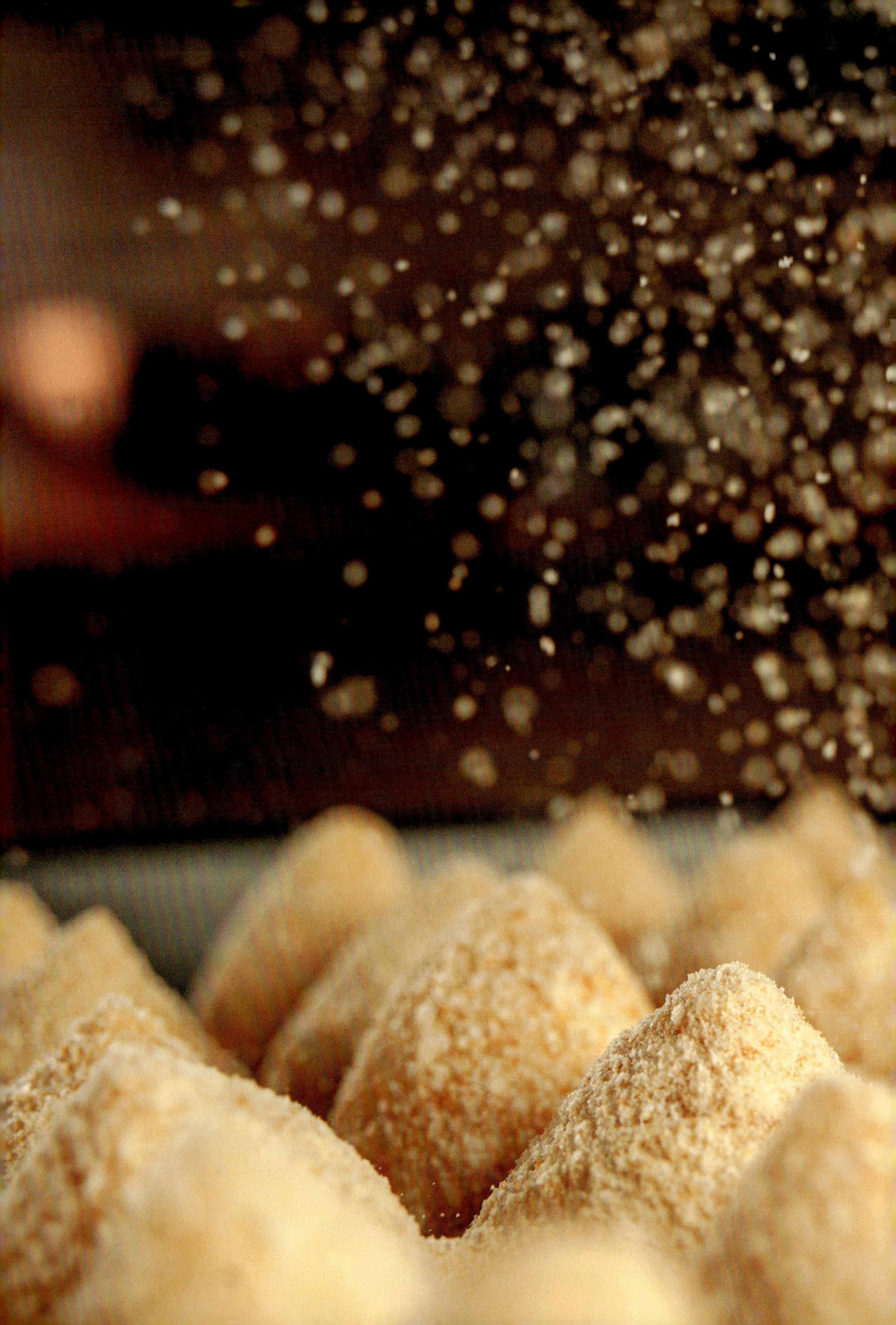

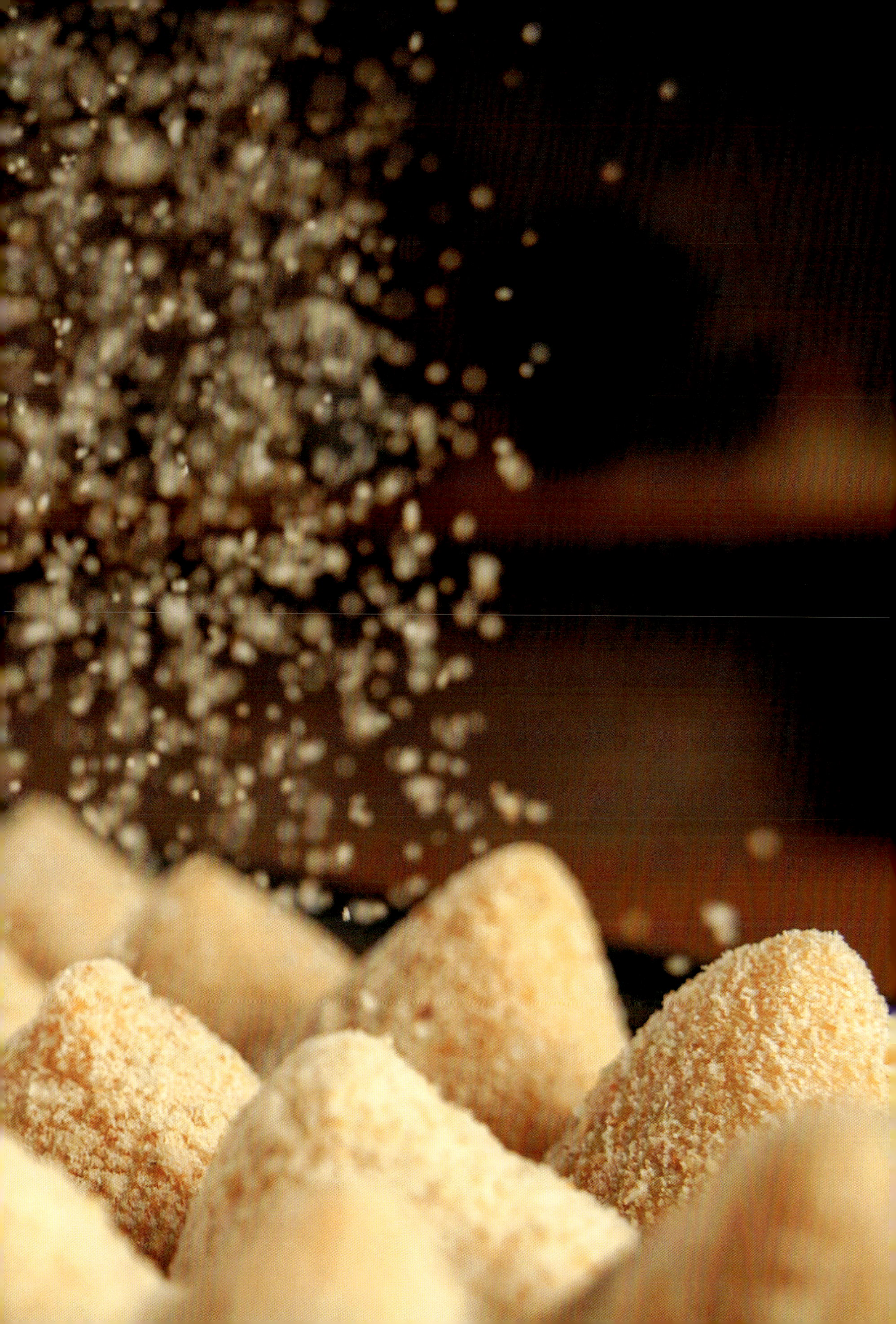

CONGELAMENTO E *fritura*

CAPÍTULO 5

Neste capítulo, serão detalhados dois processos muito importantes na produção do salgado: o congelamento e a fritura. É fundamental conhecê-los bem tanto para garantir as boas práticas de higiene e conservação quanto para salientar o sabor e a qualidade do produto, conferindo a ele a crocância que tanto adoramos.

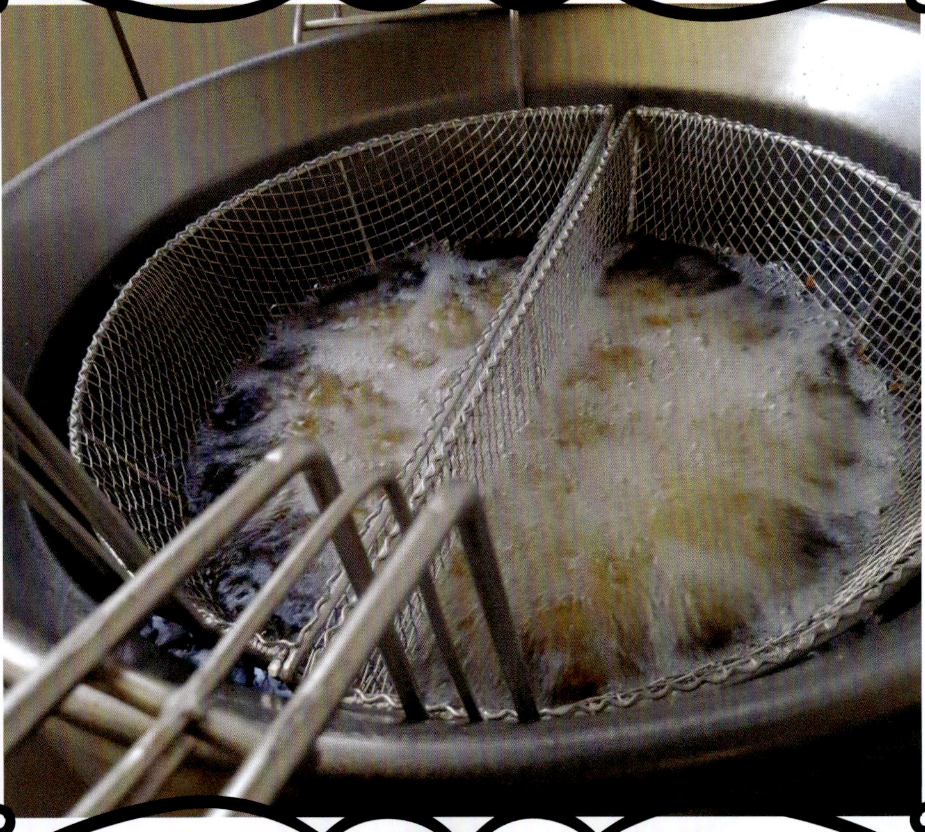

PARA FAZER UM CONGELAMENTO SEGURO E EFICAZ

O congelamento deve ser feito de forma rápida para garantir a segurança do alimento e a integridade do produto e, principalmente, de quem o consome.

Temos de levar em consideração o tempo e a temperatura a que os salgados ficarão expostos até congelarem por completo. Alguns freezers caseiros já têm a opção "fast freezing", que acelera o congelamento. No mercado industrial, existe um equipamento chamado ultracongelador, que, dependendo da capacidade, pode congelar os salgados em apenas 45 minutos.

Observe a capacidade de congelamento do seu equipamento, que deve ser de alta performance para que não haja afunilamento (gargalo) no processo produtivo.

Procure utilizar fôrmas ou bandejas de material metálico para auxiliar no processo. O material metálico é ótimo condutor de temperatura e diminui consideravelmente o tempo do congelamento.

Entendendo o processo

Praticamente tudo pode ser congelado. Mas, muitas vezes, o produto perde a forma e a estrutura ao ser descongelado. Por que isso acontece?

Durante o congelamento, a água contida na formulação do produto se cristaliza de forma gradual. Quanto maior o tempo de congelamento, maior é o tamanho dos cristais formados. Um cristal muito grande faz com que a estrutura da gelatinização do amido e as fibras do alimento se rompam, desestruturando-o por completo.

O congelamento rápido, como no caso do ultracongelador, também forma cristais de gelo, porém eles são muito menores, devido à rapidez com que o processo acontece.

Em suma, as principais diferenças entre esses equipamentos são:

- **Congelador comum:** inicia o processo de congelamento depois que o centro do produto atinge a temperatura mínima, congelando de dentro para fora. Tempo aproximado: 8 a 12 horas por ciclo.

- **Ultracongelador:** inicia o processo de congelamento imediatamente, congelando o produto de fora para dentro, até o centro atingir a temperatura mínima. Tempo aproximado: 45 minutos a 1 hora e 30 minutos por ciclo.

Independentemente da maneira como o congelamento será feito, é importante ressaltar que não se pode sobrepor muitas camadas de produtos, para evitar deformação e um processo ineficaz.

A seguir, vamos ver passo a passo como realizar o congelamento de forma rápida e eficaz usando um freezer caseiro.

Passo a passo do congelamento

1. Após empanar, modelar ou assar/fritar os salgados (o que depende do tipo de salgado e do modo como você deseja comercializá-lo), disponha-os em fôrmas de alumínio ou qualquer outro material metálico. Tome o cuidado de não colocar muitos salgados nas fôrmas para evitar que amassem.

2. Leve os salgados para o freezer e intercale as fôrmas da melhor maneira possível para evitar que os salgados amassem. O tempo de congelamento pode variar de 8 a 12 horas, dependendo da capacidade do seu freezer.

Importante: se estiver usando um ultracongelador, siga todas as recomendações do fabricante quanto à quantidade de produto que pode ser congelada em cada ciclo, a temperatura programada e o tempo de funcionamento para cada tamanho de produto.

Mantenha seus produtos sempre congelados. Nunca descongele e volte a congelar, pois a estrutura será comprometida, aumentando o risco de o salgado perder a qualidade.

3. Após o congelamento total, embale e mantenha os salgados sob temperatura de congelamento, a -18 °C. Nessa temperatura, os salgados estarão próprios para consumo por até 6 meses. Em temperaturas acima de -8 °C, a durabilidade será de 3 meses.

4. Retire os produtos do congelador imediatamente antes de fritá-los. Durante o congelamento, são formados microcristais de gelo, que ficam cada vez maiores se o congelamento ocorre de forma lenta. Esses cristais grandes rompem a estrutura da gelatinização de amido e a destroem. Por esse motivo, aconselho a **nunca descongelar** os salgados para fritar.

> **NOTA:**
> SEMPRE FAÇA O CONGELAMENTO USANDO FÔRMAS DE MATERIAL METÁLICO E SEM NENHUM TIPO DE TAMPA. NUNCA EMBALE OS SALGADOS SEM QUE ELES ESTEJAM CONGELADOS, PARA EVITAR A PERDA DE FORMATO E O AMASSAMENTO. E NÃO USE RECIPIENTES PLÁSTICOS, POIS ESSE MATERIAL É UM PÉSSIMO CONDUTOR DE TEMPERATURA E RETARDA O CONGELAMENTO.

PARA FAZER UMA FRITURA SEGURA E EFICAZ

Durante a fritura, ocorrem alguns processos que não podem ser vistos a olho nu, mas que fazem toda a diferença na qualidade final do produto.

Então, para que esse procedimento seja realmente efetivo e seguro, devemos observar alguns fatores:

- a temperatura do óleo;
- a quantidade de produtos na panela ou na fritadeira;
- se os produtos estão congelados ou resfriados; e
- o tempo de fritura.

Temperatura

O óleo deve estar sempre a 180 °C. A temperatura é o fator principal na fritura, que determina sua qualidade.

Uma temperatura mais baixa ocasiona o encharcamento da superfície do produto. Já uma temperatura mais alta, além de queimar o óleo, faz com que o produto não frite por igual e a crosta queime mais rápido, o que pode conferir sabor amargo, além de deixar o recheio completamente congelado.

Ao iniciarmos a fritura, podemos observar logo um vapor de água saindo da panela ou fritadeira. Isso acontece porque a água contida tanto na massa quanto no empanamento começa a evaporar, dando início ao processo de desidratação e, consequentemente, à caramelização dos açúcares contidos na farinha de rosca.

Quantidade

Para que a fritura ocorra de forma homogênea, devemos nos atentar à quantidade de produtos colocados na fritadeira ou na panela a cada processo. Considere:

- **Fritadeira elétrica:**
    ◇ Salgados pequenos (tipo festa): máximo de 20 unidades.
    ◇ Salgados grandes (tipo lanchonete): máximo de 10 unidades.

- **Panela em fogão convencional:**
    ◇ Salgados pequenos (tipo festa): máximo de 6 unidades.
    ◇ Salgados grandes (tipo lanchonete): máximo de 3 unidades.

Quando colocamos muitos produtos de uma só vez, o óleo "esfria", baixando sua temperatura em pelo menos 15 °C. Isso compromete, inevitavelmente, todo o processo de fritura.

Com a baixa temperatura do óleo, o processo de desidratação não ocorre de forma satisfatória, ocasionando encharcamento, soltura do empanamento e desmanche da massa pela absorção de óleo.

Portanto, as quantidades mencionadas são importantes para que a fritura ocorra de forma homogênea, sem que haja uma grande variação de temperatura do óleo e, consequentemente, defeitos na crosta do produto (ou, até mesmo, estouro).

Congelado ou resfriado?

Uma das maiores dúvidas de quem trabalha com salgados fritos é: devo fritá-los congelados ou resfriados? As duas formas são corretas, porém apresentam diferenças no processo e no resultado final.

O que difere a fritura do salgado resfriado em relação ao congelado é o tempo que ele permanece em imersão no óleo. Quando o salgado entra em contato com o óleo quente, além de todo o processo anteriormente explicitado, também ocorre outro fenômeno físico chamado condução térmica, em que a alta temperatura do óleo vai sendo conduzida através da massa.

No caso de salgados congelados, eles vão descongelando aos poucos ao serem imersos no óleo, e a alta temperatura vai chegando até o recheio, que também começa a descongelar. Toda umidade contida na massa e no recheio tende a evaporar e se expandir, criando pressão dentro do salgado e causando eventualmente uma explosão, caso não haja cuidado.

Quando trabalhamos com o salgado resfriado, o tempo de fritura deve cair pela metade, já que a temperatura interna ideal será atingida mais rapidamente, aumentando, de forma considerável, o risco de explosão caso o tempo de imersão seja excedido.

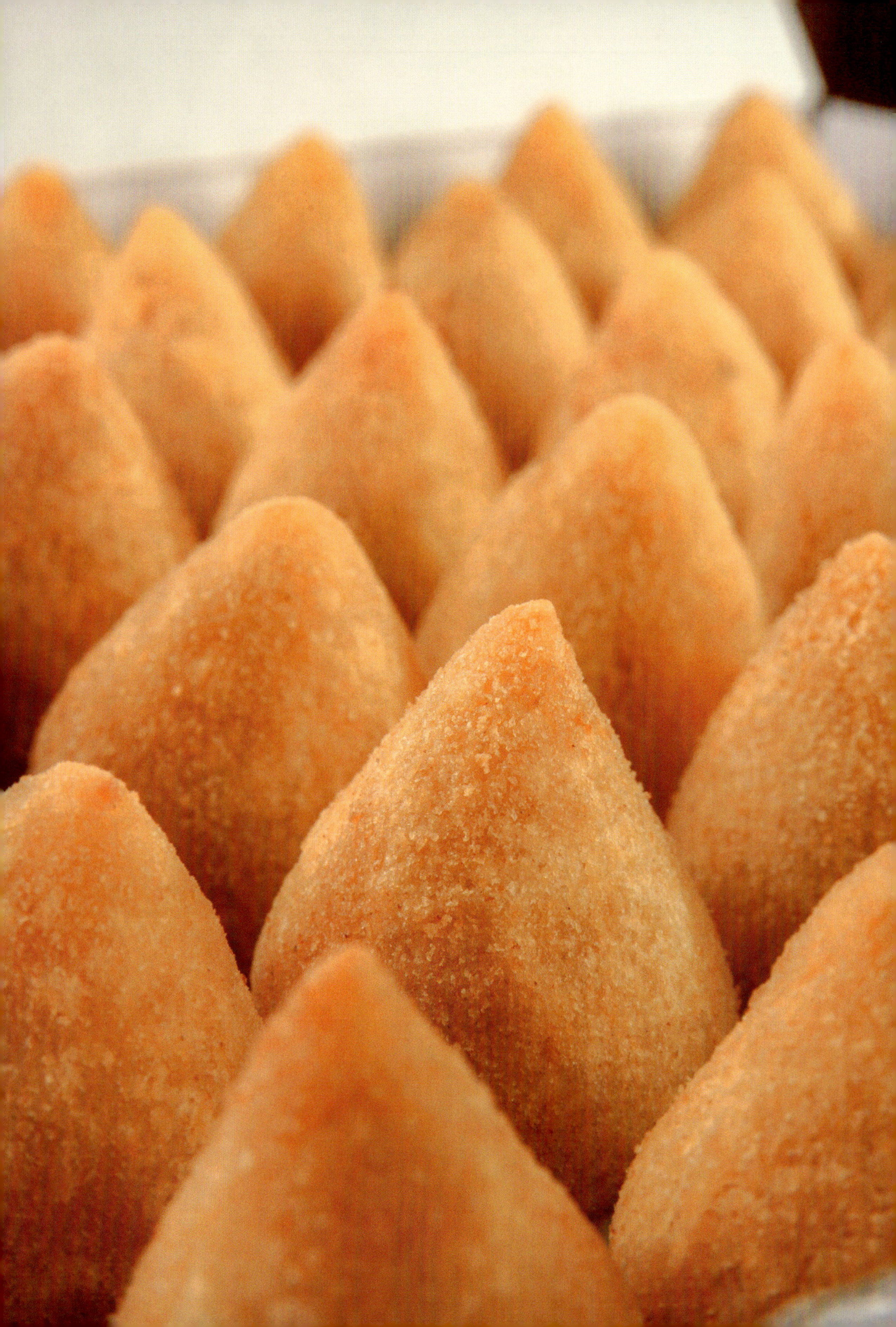

Tempo

A relação entre tempo, temperatura e quantidade é fundamental para que o produto final adquira uma aparência satisfatória e não estoure. A seguir, são detalhados os tempos de fritura para salgados congelados e resfriados.

SALGADOS CONGELADOS

O salgado congelado tende a adquirir uma crosta mais grossa e mais crocante devido ao maior tempo em imersão. Considere esta opção caso você deseje que o salgado seja mais crocante e mais dourado.

Seguem os tempos de fritura separados por tamanho:

- **Salgados pequenos (tipo festa):** de 2 minutos e 30 segundos a 3 minutos (no máximo e dependendo do tamanho).
- **Salgados grandes (tipo lanchonete):** de 4 a 5 minutos (no máximo e dependendo do tamanho).

Confira os pontos negativos e positivos de submeter um salgado ao congelamento e fritá-lo nesse estado:

PONTOS NEGATIVOS	PONTOS POSITIVOS
• Maior tempo de preparo e espera para servir ao cliente, caso não possua vitrine quente ou estufa.	• Possibilidade de produzir mais e manter estoque.
• O armazenamento por um longo período em baixa temperatura pode ocasionar rancificação, rachaduras na crosta do produto e perda do empanamento.	• Vida de prateleira maior (3 meses em freezer a pelo menos -8 °C), portanto menos perecível.
• Não pode ser descongelado antes da fritura fritura, pois ocorre perda estrutural da massa durante o congelamento.	• Crosta mais crocante e mais dourada (em relação ao resfriado). • Menor risco de explosões.
• Precisa de, pelo menos, 1 minuto de descanso antes de ser servido para que atinja a temperatura interna correta (cerca de 60 °C).	

SALGADOS RESFRIADOS

O salgado resfriado tende a adquirir uma crosta mais fina e menos crocante devido ao pouco tempo de imersão em óleo quente. Considere esta opção caso você ou seu cliente (normalmente buffets) deseje que o salgado seja menos crocante e menos dourado.

Seguem os tempos de fritura separados por tamanho:

- **Salgados pequenos (tipo festa):** 1 minuto a 1 minuto e 30 segundos (no máximo e dependendo do tamanho).
- **Salgados grandes (tipo lanchonete):** 2 minutos a 2 minutos e 30 segundos (no máximo e dependendo do tamanho).

Confira os pontos negativos e positivos de manter um salgado resfriado e fritá-lo nesse estado:

PONTOS NEGATIVOS	PONTOS POSITIVOS
• Vida de prateleira menor (máximo de 3 dias em refrigeração), portanto altamente perecível.	• Produtos sempre frescos, com produção praticamente diária.
• Crosta menos crocante e menos dourada (em relação ao congelado).	• Menor tempo de espera para servir ao cliente.
• Maior risco de explosões.	
• Não é possível manter grandes quantidades em estoque.	

É muito comum que um salgado estoure durante a fritura. Para evitar esse problema, estabeleci o método a seguir para salgados congelados, que pode ser aplicado tanto em panela quanto em fritadeira e está descrito de modo a ser seguro para qualquer pessoa.

Fritando em panela

1. Numa panela pequena e alta, coloque óleo suficiente para que os salgados fiquem completamente imersos durante a fritura. Jamais frite salgados utilizando pouco óleo.

2. Caso você tenha um termômetro culinário, meça a temperatura, que deve estar em 180 °C.

3. Atingida a temperatura, coloque **6 unidades** de salgado **pequeno** ou **3 unidades** de salgado **grande**. O salgado deve estar congelado. Não descongele para fritar.

4. Mexa de vez em quando para que o salgado frite por igual, principalmente nos segundos iniciais.

5. O salgado pequeno leva de 2 a 3 minutos para ficar pronto, dependendo do tamanho; e o salgado grande, de 4 a 5 minutos, também dependendo do tamanho.

6. Com cuidado, retire os salgados da panela com uma escumadeira e deixe-os escorrer em papel-toalha.

7. Para os salgados pequenos, espere de 1 a 2 minutos para servir. Esse tempo é essencial para que o salgado seja servido completamente descongelado e na temperatura certa para o cliente não correr o risco de se queimar. Para os salgados grandes, aqueça o forno a uma temperatura baixa, em torno de 150 °C, e mantenha o salgado ali por 5 a 6 minutos, para terminar de descongelar e aquecer. Esse processo também pode ser feito em estufa a 60 °C ou mais.

NOTA:

NÃO ULTRAPASSE O TEMPO DE FRITURA RECOMENDADO! O SALGADO PODERÁ ESTOURAR SE FICAR IMERSO NO ÓLEO POR MUITO TEMPO. MESMO QUE O SALGADO ESTEJA COM A COLORAÇÃO CLARA, RETIRE-O DO ÓLEO DENTRO DO TEMPO RECOMENDADO PARA EVITAR ACIDENTES.

Fritando em fritadeira

1. Após encher a cuba da fritadeira com óleo até a marca indicada pelo fabricante, ligue a fritadeira colocando o termostato em 180 °C. Note que a luz da fritadeira vai acender. Só inicie a fritura após a luz indicar que o aparelho atingiu a temperatura correta.

2. Na fritadeira, coloque o quanto baste para preencher o fundo do cesto, em torno de 20 unidades de salgado pequeno e 8 a 10 unidades de salgado grande. O salgado deve estar congelado. Não descongele para fritar.

> **NOTA:**
> NÃO SOBREPONHA OS SALGADOS NA FRITADEIRA. SE ELES FICAM SOBREPOSTOS, ISSO IMPEDE QUE A CROSTA SE FORME POR INTEIRO, FORMANDO "VERRUGAS" NA SUPERFÍCIE DOS PRODUTOS.

3. Mexa o cesto de vez em quando apenas para ajeitar os salgados e verificar a cor, principalmente nos segundos iniciais.

4. O salgado pequeno leva em torno de 2 a 3 minutos para ficar pronto, dependendo do tamanho; e o salgado grande, em torno de 4 a 5 minutos, também dependendo do tamanho.

> **NOTA:**
> NÃO ULTRAPASSE O TEMPO DE FRITURA RECOMENDADO! O SALGADO PODERÁ ESTOURAR SE FICAR IMERSO NO ÓLEO POR MUITO TEMPO. MESMO QUE O SALGADO ESTEJA COM A COLORAÇÃO CLARA, RETIRE-O DO ÓLEO DENTRO DO TEMPO RECOMENDADO PARA EVITAR ACIDENTES.

5. Retire o cesto do óleo e espere que escorra antes de deixar secar em papel-toalha.

6. Para os salgados pequenos, espere de 1 a 2 minutos para servir. Esse tempo é essencial para que você sirva o salgado completamente descongelado e quentinho.

7. Para os salgados grandes, aqueça o forno a uma temperatura baixa, em torno de 150 °C, e mantenha o salgado frito ali por 5 a 6 minutos para terminar de descongelar.

Importante:

o óleo deve ser trocado quando começar a escurecer. Esse é o sinal visível de que ele já está oxidado e precisa ser substituído para evitar o acúmulo de toxinas, como a acroleína, que é extremamente prejudicial à saúde. Não há como determinar o tempo de vida útil do óleo, pois esse fator dependerá da demanda de seu negócio.

Seja consciente e não descarte óleos e gorduras em córregos, rios e bueiros, pois são resíduos altamente poluentes. Busque uma parceria com uma empresa coletora de óleo usado ou confira se a prefeitura de sua cidade disponibiliza pontos de coleta. Para descartar o óleo corretamente, embale-o já frio em uma garrafa PET ou de vidro bem fechada. Seja responsável com o meio ambiente.

Por que os salgados estouram?

Há duas razões que fazem um salgado estourar – e, de forma geral, elas são as únicas:

a) **Por conta da umidade e do tempo de imersão no óleo quente:** de modo geral, a água, quando aquecida a mais de 100 °C, passa do estado líquido ao estado gasoso (vapor) e se expande. A umidade da massa e do recheio não fogem a essa regra quando aquecidos durante a fritura. A explosão ocorre quando o tempo excessivo em imersão faz com que o recheio descongele e entre em ebulição, causando pressão interna devido ao vapor expandido dentro do salgado.

b) **Por causa do ar encapsulado no salgado:** quando estamos modelando qualquer salgado, devemos tomar o cuidado de fechar muito bem a massa e deixá-la o mais rente possível ao recheio, pressionando e retirando todo o ar. O estouro acontece justamente pelo aquecimento do ar, que o faz se expandir e criar pressão interna.

NOTA:

PARA MAIOR SEGURANÇA DURANTE A FRITURA, REFORÇAMOS A IMPORTÂNCIA DE SEMPRE FRITAR OS SALGADOS CONGELADOS. APÓS A FRITURA, ENQUANTO OS RECHEIOS DESCONGELAM POR COMPLETO POR MEIO DA CONDUÇÃO DO CALOR (DE FORA ATÉ O CENTRO), A CROSTA DO SALGADO ATINGIRÁ UMA COLORAÇÃO MAIS FORTE E ELE FICARÁ MAIS CROCANTE DEVIDO À DESIDRATAÇÃO. POR ISSO, O TEMPO DE DESCANSO APÓS A FRITURA É ESSENCIAL.

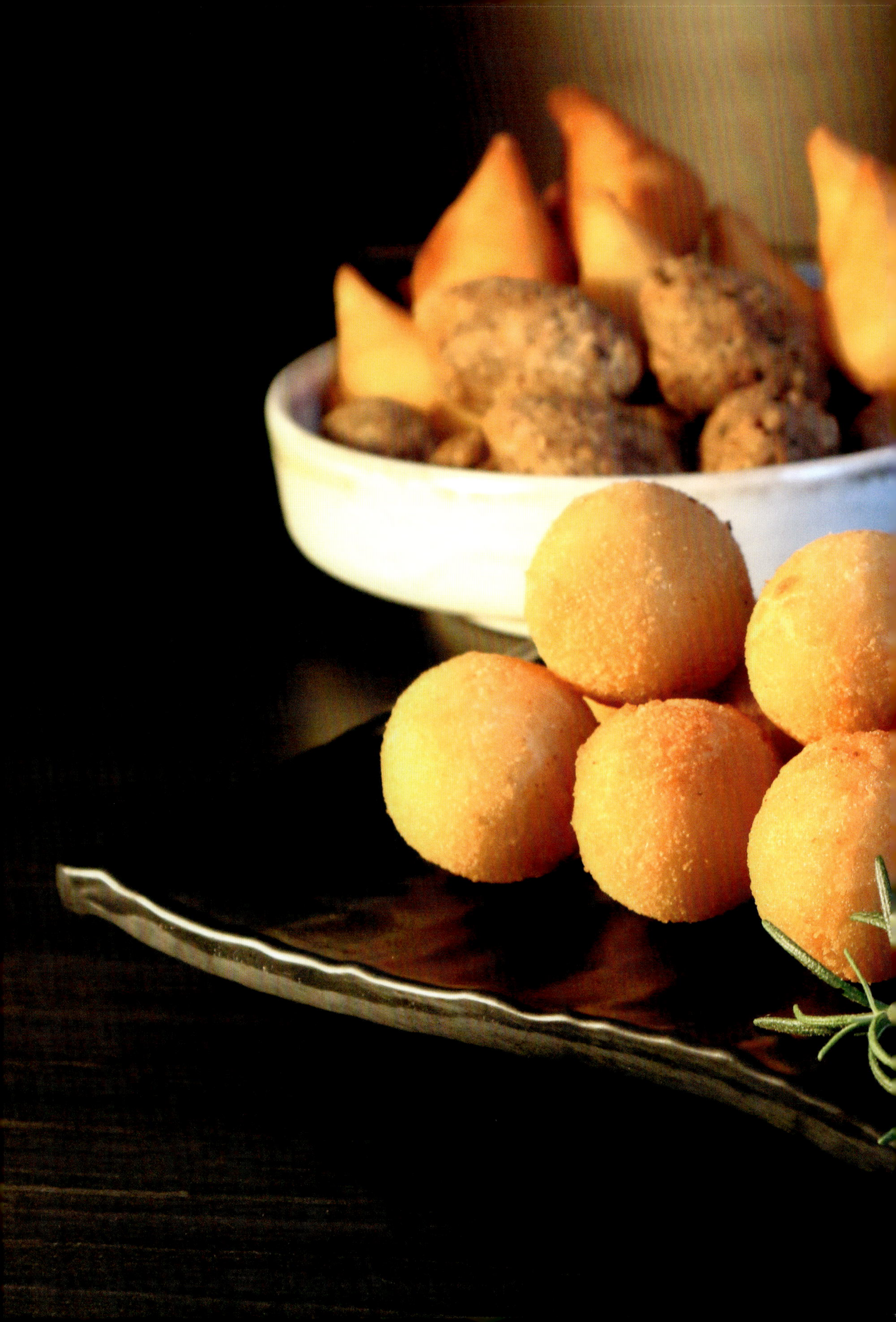

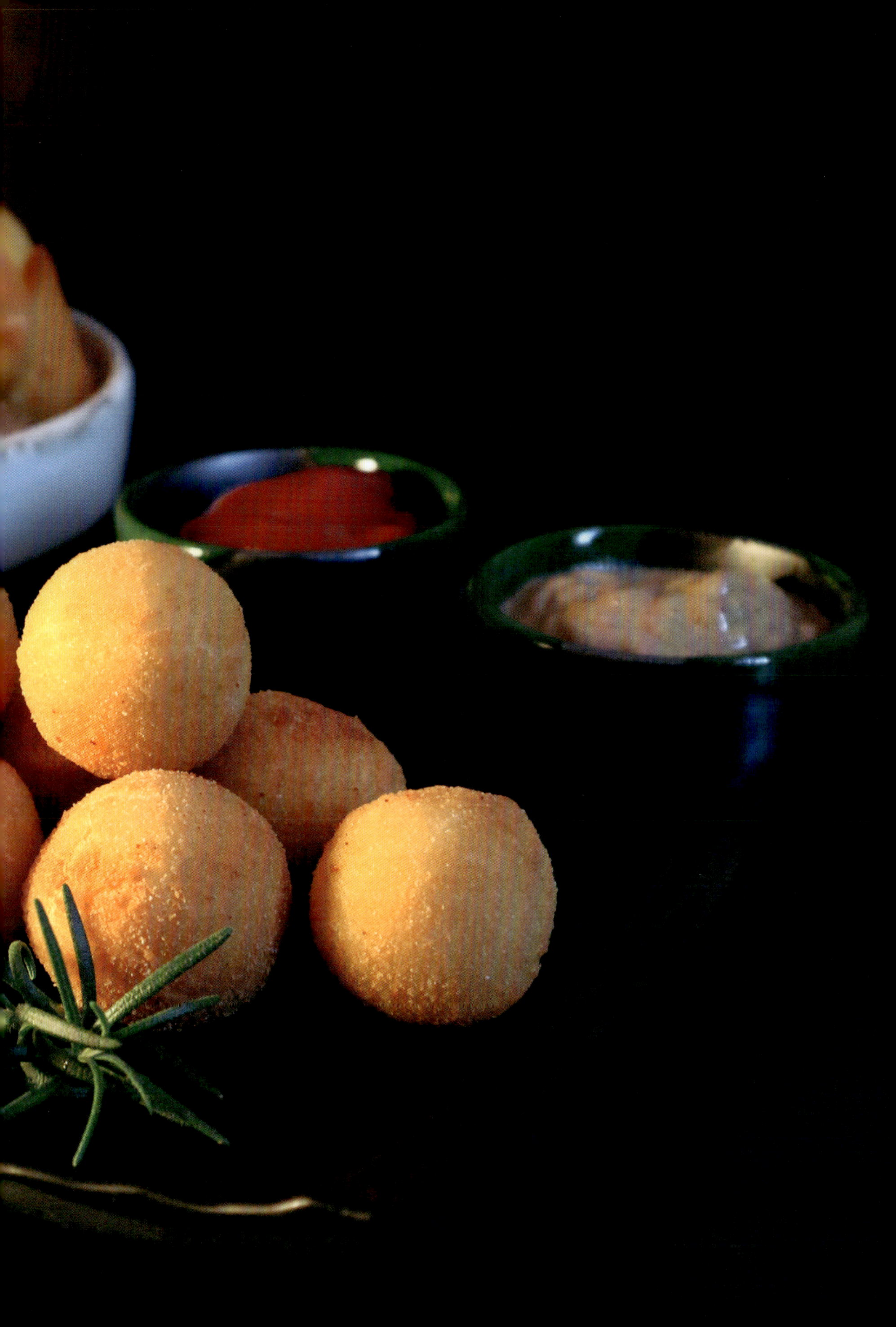

DEFEITOS E soluções

CAPÍTULO 6

Para poder escrever este capítulo, dedicado aos defeitos mais comuns em salgados fritos e assados, tive que ir "a campo". Para isso, nada melhor do que participar de grupos de discussão na internet que abordam esse assunto. Em todos esses grupos, a maioria das dúvidas encontradas eram repetidas, e ali percebi como existem recomendações diferentes – e até divergentes – para resolver o mesmo problema. Sendo assim, juntei o maior número possível de informações e me pus a testá-las, a fim de entender quais problemas acontecem e por que eles acontecem. Este capítulo, assim, é um guia bem fundamentado para conhecer as causas dos principais problemas na feitura dos salgados e as suas respectivas soluções.

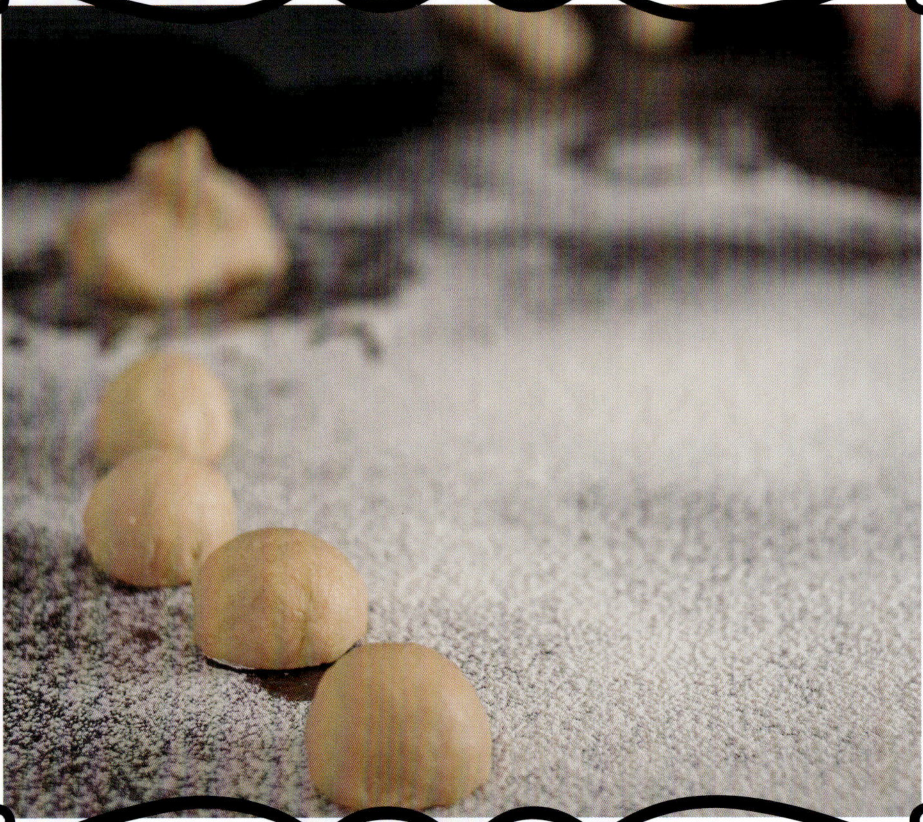

SALGADOS FRITOS

DEFEITO
empanamento soltando durante a fritura
////////////////////////////////

Resolvi começar pelo defeito mais comum – e cujas possíveis causas apresentadas nos fóruns on-line são mais divergentes. Quando via essa dúvida nos grupos de discussão na internet, eu entrava em contato com as pessoas e perguntava como era o processo produtivo delas do começo ao fim, ou seja, da massa até o empanamento. Foi assim que pude compreender os problemas que existiam em seus processos, e são eles que apresento aqui, junto de suas soluções.

POSSÍVEIS CAUSAS

ÓLEO EM TEMPERATURA ERRADA

Atente-se sempre à temperatura do óleo, que deve estar a 180 °C. Menos do que isso faz com que o óleo esfrie ao entrar em contato com o produto congelado ou resfriado, ocasionando o encharcamento, por meio do qual o salgado elimina água e absorve óleo na mesma proporção. Como resultado do encharcamento, o empanamento começa a se soltar da superfície do salgado, dando a ele um aspecto descascado.

Lembre-se de que a fritura é um processo de desidratação por meio da imersão em óleo quente; seu procedimento deve ser seguido à risca para que seja seguro, eficaz e não cause prejuízos.

Solução: sempre verifique a temperatura da fritadeira antes de iniciar o processo de fritura e espere até apagar a luz indicativa para começar. Leia o manual de instruções de sua fritadeira antes de usá-la e tire todas as suas dúvidas.

Em caso de fritura em panela, certifique-se de que esta seja pequena, para que a chama do fogão a aqueça de forma uniforme e mantenha, assim, a temperatura dentro da variação esperada. Lembre-se: quanto maior a panela, maior a perda de calor e mais difícil a manutenção da temperatura. Para verificar se a temperatura está a 180 °C, utilize um termômetro culinário de espeto.

MUITOS SALGADOS POR CICLO

Quando colocamos muitas unidades na fritadeira de uma vez, a tendência é que a temperatura do óleo baixe mais de 15 °C, o que dá à resistência do aparelho um pouco de trabalho para restabelecer a temperatura correta. Nesse caso, acontecerá o mesmo efeito relatado no caso anterior: o encharcamento.

Solução: a quantidade ideal a cada ciclo de fritura deve ser aquela que o fundo do cesto de sua fritadeira comporta, sem sobreposições. Mesmo nessa quantidade o óleo vai esfriar um pouco, porém as fritadeiras têm um sistema de relé que aciona a resistência para que o óleo seja aquecido novamente durante a fritura. Repare que, quando colocamos o cesto com os salgados dentro do óleo, a luz da fritadeira se acende. Isso indica que a resistência está fazendo bem o seu trabalho, garantindo que o óleo não esfrie a ponto de prejudicar o processo.

SALGADO RECÉM-EMPANADO

Normalmente, para baratear os custos de produção, utilizamos somente água ou leite como parte líquida do empanamento, que faz a farinha de rosca fixar na superfície dos salgados. Quando utilizamos esse método de empanamento, é muito comum ele se soltar durante a fritura, e isso pode ou não ter a ver com a temperatura do óleo.

A farinha de rosca leva um tempo para se hidratar e secar novamente, fixando-se na superfície do salgado. Por isso, o empanamento somente com água ou leite é mais recomendado para salgados que serão congelados, já que o tempo de congelamento garantirá uma boa fixação.

Solução: se o intuito é trabalhar com salgados resfriados para facilitar o processo de fritura, utilize apenas claras como a parte líquida do empanamento, já que elas secam com maior facilidade, fazendo a farinha de rosca fixar na superfície do salgado mais rápido. E lembre-se: para fritar salgados resfriados, a temperatura do óleo deve estar a 180 °C e o tempo de imersão deve ser diminuído pela metade em relação aos salgados congelados, sendo entre 1 minuto e 30 segundos e 2 minutos, a depender do tamanho do salgado.

DEFEITO
salgado estourando
////////////////////////////

Um clássico, ouso dizer. Eu mesmo já tive várias queimaduras com salgados estourando, algumas delas graves. Por isso, toda atenção ao processo de fritura ainda será o mínimo. Não é a intenção causar medo, mas alertar que existe o risco de queimaduras e que é possível diminuí-lo a praticamente zero.

POSSÍVEIS CAUSAS

EXCESSO DE TEMPO DE FRITURA

Nem sempre o salgado estoura por conter ar dentro dele. Isso é possível, mas não é a única causa. Retomando o que já foi explicado no capítulo 5: o salgado tem uma umidade relativamente alta e, quando o fritamos, iniciamos um processo de descongelamento dessa água (umidade); consequentemente, ocorre a transformação da água em vapor. Se ultrapassarmos o tempo de imersão recomendado, a tendência é que o vapor se expanda mais e acabe encontrando um caminho para sair, ocorrendo a explosão.

Solução: devemos lembrar que a fritura é a finalização do produto e serve para criar uma crosta crocante e dourada, além de aquecer o recheio. Mesmo que o seu salgado não fique dourado, sempre o retire do óleo dentro do tempo seguro estipulado para o processo de fritura. É melhor um salgado mais branquinho do que uma queimadura dolorosa! Se o seu salgado não doura dentro do tempo seguro de fritura, experimente usar outra farinha de rosca.

AR ENCAPSULADO

Alguns tipos de salgados são mais suscetíveis a ficar com ar encapsulado durante a modelagem, como é o caso da bolinha de queijo e do rissole. Da mesma forma que o vapor, o ar aquecido também se expande e cria pressão interna, buscando por onde sair, e isso causa o estouro.

Solução: no capítulo 4, é ensinada a modelagem com o método do copinho. Esse método visa justamente evitar que se crie um espaço com ar entre o recheio e a massa, como pode acontecer quando se utiliza o queijo cortado em cubinhos. Modelar uma bolinha em volta de um cubo é muito mais complicado do que modelar uma bolinha em volta de outra bolinha, certo? Uma solução para isso é ralar ou triturar o queijo e prepará-lo como descrito na p. 64 ("Recheio de queijo"), pesar bolinhas de recheio do tamanho e peso desejados e modelar os salgados com o método do copinho (pp. 84-85).

DEFEITO
massa de quibe desmanchando
////////////////////////////////

A massa de quibe é uma das mais fáceis e simples, mas também requer atenção aos passos do preparo para que o produto não desmanche durante ou após a fritura.

POSSÍVEIS CAUSAS

MASSA MUITO MOLE, ÚMIDA E ESFARELANDO

O trigo para quibe, ou triguilho, é um tipo de farinha feita a partir do trigo integral pré-cozido, seco e triturado. É um produto muito utilizado na culinária síria e em outras culinárias árabes. Quando hidratado, o amido da farinha começa a inchar e cresce até o seu limite. Se colocarmos água em excesso na etapa de hidratação, restará muita água residual, o que prejudicará a textura da massa quando ela for misturada com outros ingredientes igualmente úmidos, como a cebola e a carne moída.

Solução: antes de chegar à minha receita ideal, fiz vários testes para encontrar o ponto de equilíbrio entre a quantidade de água e o limite de hidratação do trigo. Minha conclusão foi a seguinte: 1,3 kg de água fria é suficiente para hidratar 1 kg de trigo para quibe sem que sobre água disponível ou que seja necessário espremer ou escorrer o excesso.

Caso a sua massa esteja pronta e muito úmida, acrescente 50 g de trigo para quibe ainda seco para cada quilo de massa pronta. O trigo será hidratado com a água que está em excesso e deixará sua massa mais seca e maleável. Prove a massa e corrija os temperos se for necessário.

NOTA: NÃO ACRESCENTE NADA ALÉM DO QUE PEDE A RECEITA DE QUIBE. NÃO ACRESCENTE FARINHA DE TRIGO COMUM, NEM FARINHA DE ROSCA. ESSES INGREDIENTES NÃO FAZEM PARTE DA RECEITA E VÃO DESCARACTERIZAR O SEU PRODUTO.

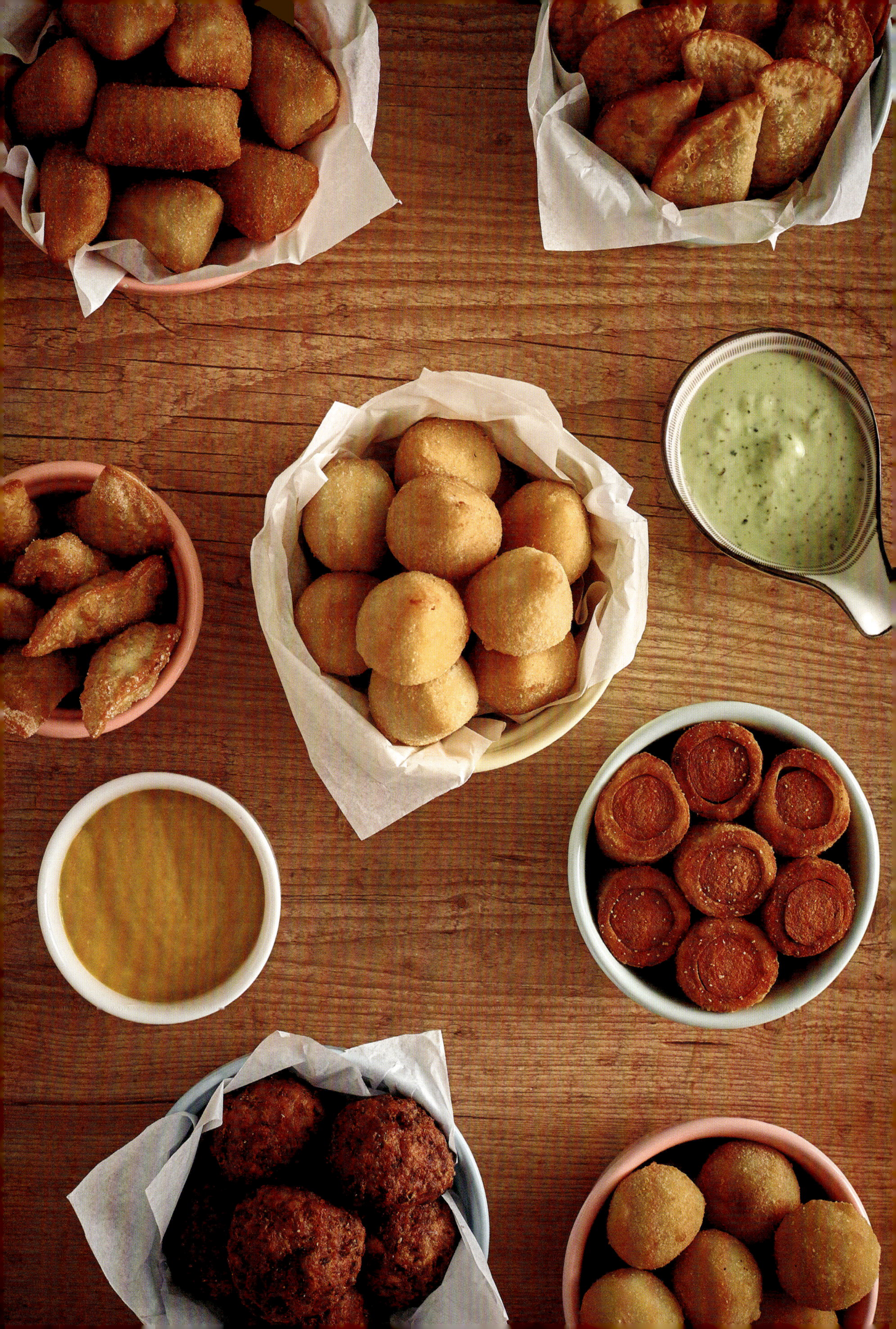

SALGADOS ASSADOS

DEFEITO
massa pesada e dura
///////////////////////////

Qualquer salgado assado pode sofrer esse problema, que deixa sua consistência inadequada, afetando o sabor. A empada, porém, tem uma especificidade que será mencionada em tópico à parte.

POSSÍVEIS CAUSAS

FARINHA DE TRIGO MAIS FORTE

Como dito no capítulo 2, todas as receitas deste livro utilizam como padrão a farinha do tipo 1, que encontramos em qualquer supermercado. Porém, a qualidade da farinha pode variar de acordo com a região, a safra, o clima e o tipo de embalagem. Farinhas de trigo que contenham mais do que 7% de proteína já podem ser consideradas farinhas fortes, devido à alta hidratação que é necessária para o desenvolvimento total do glúten.

Solução: uma regra básica que adotamos na cozinha quando não estamos familiarizados com um ingrediente é adicioná-lo aos poucos. A farinha de trigo é um produto sazonal (ou seja, cuja qualidade pode variar conforme a safra e a época do ano), por isso não sabemos exatamente se a quantidade indicada na receita será a correta, podendo ser maior ou menor. Uma dica importante: sinta a massa e dê preferência a deixá-la mais macia e úmida em vez de pesada e mais seca.

FALTA DE DESCANSO DA MASSA

Toda massa precisa de um tempo de descanso, seja para levedar, seja para relaxar o glúten, ou ainda para qualquer outra finalidade indicada na receita. Quando trabalhamos com massas fermentadas, o tempo de descanso antes e depois da modelagem é determinante tanto para o sabor quanto para a textura depois de assada. Quando a massa fermenta durante o descanso, a levedura fica responsável por consumir o açúcar e transformá-lo em CO_2, responsável pelo crescimento, e em etanol, responsável pelo sabor e o aroma característicos do pão. Se pulamos essas etapas, além do sabor de fermento ficar muito evidente, a massa adquire uma textura mais pesada devido à má formação de alvéolos (espaços, furos no miolo do pão).

Solução: o descanso é parte importante no preparo de qualquer massa. Siga exatamente o que diz a receita e evite pular etapas ou apressá-las. As massas fermentadas tendem a crescer mais devagar em temperaturas mais frias, por isso o ideal é cobri-las com plástico próprio para alimentos para não ressecarem e levá-las a um local fresco, arejado e que esteja entre 28 °C e 32 °C. A levedura, em temperaturas amenas, acelera a metabolização dos açúcares e amidos contidos na massa, produzindo CO_2 e etanol de forma contínua, o que traz leveza, aroma e sabor ao preparo.

VALIDADE DO FERMENTO/LEVEDURA

A levedura é um organismo vivo, tem data de validade e formas próprias de conservação. Caso você opte por utilizar a levedura seca, a validade é muito maior que a da levedura fresca, desde que conservada do modo indicado na embalagem. Observe a aparência da levedura fresca antes utilizá-la; suas características devem ser:

- cor bege clara;
- odor de cerveja acentuado;
- sem pontos mais escuros ou "queimados".

Caso alguma dessas características esteja diferente do indicado aqui, opte por descartar a levedura.

Solução: antes de preparar a massa, utilize o método da esponja ou pré-fermento, que consiste em misturar o total do fermento com o total da água e parte da farinha da receita e deixar descansar. Caso essa mistura se desenvolva, o fermento está fazendo o seu trabalho. Caso não, descarte a mistura e refaça-a com um fermento novo. Esse processo evita que você perca muito material, inclusive depois de o produto estar pronto.

SOVA EXCESSIVA – EMPADAS

Parte desse defeito tem a ver com o que já foi dito sobre a qualidade da farinha. Quando utilizamos farinhas fortes no preparo de certas massas, devemos levar em conta as características que queremos dar ao nosso produto. O caso da empada é muito específico, pois o seu preparo requer pouco batimento e um pouco de mistura, evitando que o glúten se forme excessivamente, a ponto de a massa criar uma textura parecida com a do pão.

Solução: como já alertado, se utilizarmos outro tipo de farinha que não a do tipo 1 (comum), o resultado será outro. O preparo da massa de empada é muito fácil e rápido, já que não precisa de sova, apenas de uma boa mistura. Ao perceber que a massa já está homogênea, é a hora certa de parar.

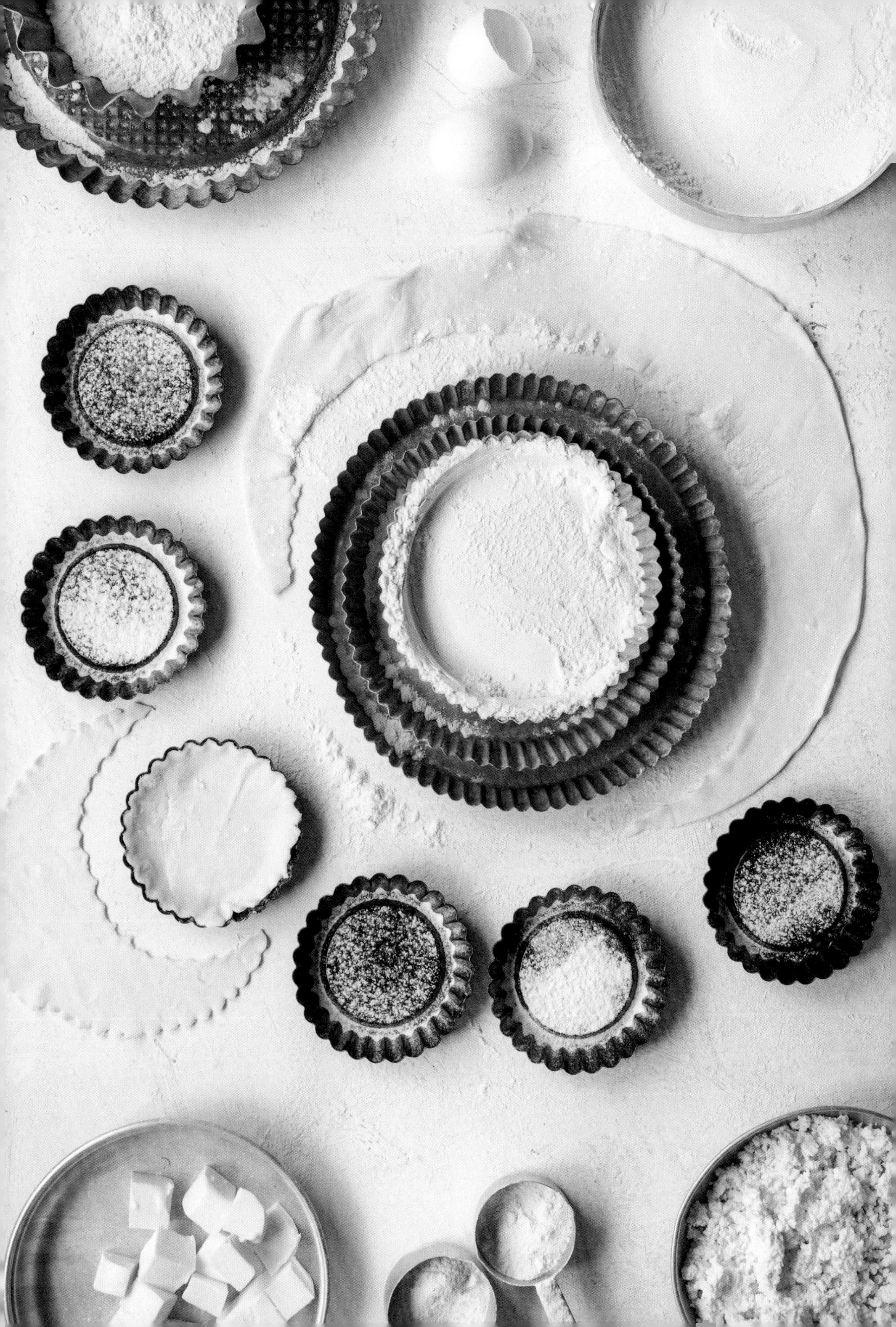

DEFEITO
massa de empada muito elástica
////////////////////////////////

Ao contrário dos pães, que se beneficiam de uma massa muito elástica, no caso da empada essa característica é indesejável. Além de trazer uma textura desagradável ao paladar, a elasticidade em excesso também é responsável por fazer a tampa da empada abrir.

POSSÍVEIS CAUSAS

DESPROPORÇÃO DE LÍQUIDO E GORDURA

A massa de empada pode ficar muito elástica a depender da quantidade de líquido empregada em seu preparo, incluindo ovo e água. O ovo, mais especificamente a gema, é responsável por emulsionar a gordura com o líquido, dando mais estabilidade à massa, porém temos que lembrar que o glúten se desenvolve com presença de líquido e trabalho mecânico. Ao adicionarmos o ovo juntamente com a água (ou leite, ou caldo-base), estamos dando condições para que ele se desenvolva e deixe a massa elástica.

Solução: observe atentamente a quantidade de líquido e gordura que a receita pede. Utilize uma balança para medir os ingredientes de forma precisa e evite oscilações na textura.

Evite fazer substituições do tipo de gordura, por exemplo, trocar a gordura de porco pela manteiga ou a manteiga pela margarina. Cada gordura tem uma estrutura diferente, servindo para diferentes preparos. Toda receita é elaborada de modo balanceado, respeitando-se as características de cada ingrediente.

A margarina 80% de lipídeos contêm 80% de gordura (óleo vegetal) e 20% de água. Ao substituir a manteiga ou gordura de porco por margarina, adicionamos mais água e tipos de gorduras diferentes ao preparo.

A manteiga, produzida por meio do creme retirado do leite, é constituída de pelo menos 82% de gordura. Apesar de ser um produto bem difundido em nossa cultura alimentar, ainda é relativamente cara. Para não haver erros, de modo geral, devemos seguir as mesmas recomendações em relação ao uso da margarina.

Já a gordura de porco ou banha, como é popularmente chamada, é constituída de 100% de gordura de origem animal. Sua utilização é um pouco mais fácil devido à ausência de água em sua composição, o que nos permite controlar a quantidade de líquido que será utilizada.

NOTA:

EVITE USAR BANHA DE PORCO E CALDOS DE FRANGO E CARNE EM SALGADOS VEGETARIANOS, COMO EMPADAS DE PALMITO OU QUICHES DE ESPINAFRE. CASO AINDA ASSIM OPTE POR UTILIZAR ESSES INGREDIENTES, É DE SUMA IMPORTÂNCIA IDENTIFICÁ-LOS NO RÓTULO E/OU INFORMAR O CLIENTE, A FIM DE ALERTAR AQUELES QUE NÃO CONSOMEM DETERMINADOS PRODUTOS DE ORIGEM ANIMAL.

DEFEITO
tampa da empada soltando ou abrindo
////////////////////////////

Este defeito não acontece se você utilizar o método de modelagem de empadas ensinado neste livro. Porém, caso prefira modelá-las fazendo a tampa em separado, confira como evitar que ela se solte e abra com o calor do forno.

POSSÍVEIS CAUSAS

RECHEIO MUITO LÍQUIDO

Quando utilizamos um recheio muito líquido e com pouca cremosidade, ao fechar a empada e levá-la para assar, esse líquido vai ferver, se transformar em vapor, criar pressão e abrir a tampa da empada para conseguir sair.

Solução: procure sempre deixar os seus recheios mais cremosos e com menos caldo, utilizando farinha de trigo para dar textura. Utilize como base a seguinte proporção: para cada 500 g de líquido, adicione 100 g de farinha de trigo.

MASSA MUITO ELÁSTICA

Como já mencionado, a elasticidade em excesso também é responsável por fazer a tampa da empada abrir. Isso acontece porque a tampa encolhe ao ser exposta ao calor do forno. Lembre-se de que o forno, além de cozinhar, também desidrata os alimentos, e, nesse caso, a desidratação é acompanhada do encolhimento. A elasticidade fica concentrada no centro da tampa, e é isso que faz com que a massa, ao encolher, seja puxada das bordas, deixando a empada aberta.

Solução: para não causar esse problema, evite fazer substituições do tipo de gordura, como trocar a gordura de porco pela manteiga ou a manteiga pela margarina. Como dito anteriormente, cada tipo de gordura tem uma estrutura diferente e serve para diferentes preparos. Observe atentamente a quantidade de líquido e gordura que a receita pede. Utilize uma balança para medir os ingredientes de forma precisa e evite oscilações na textura.

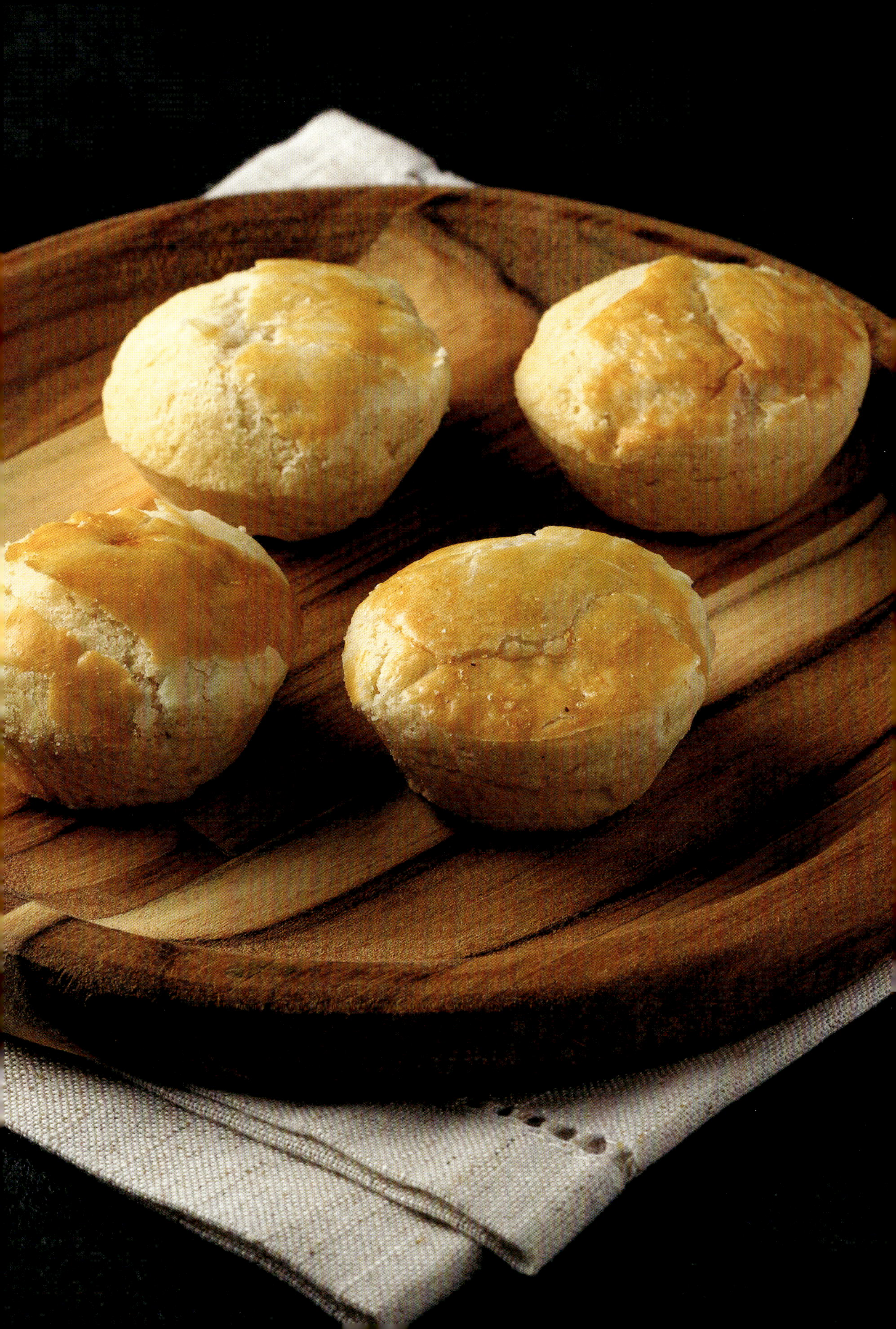

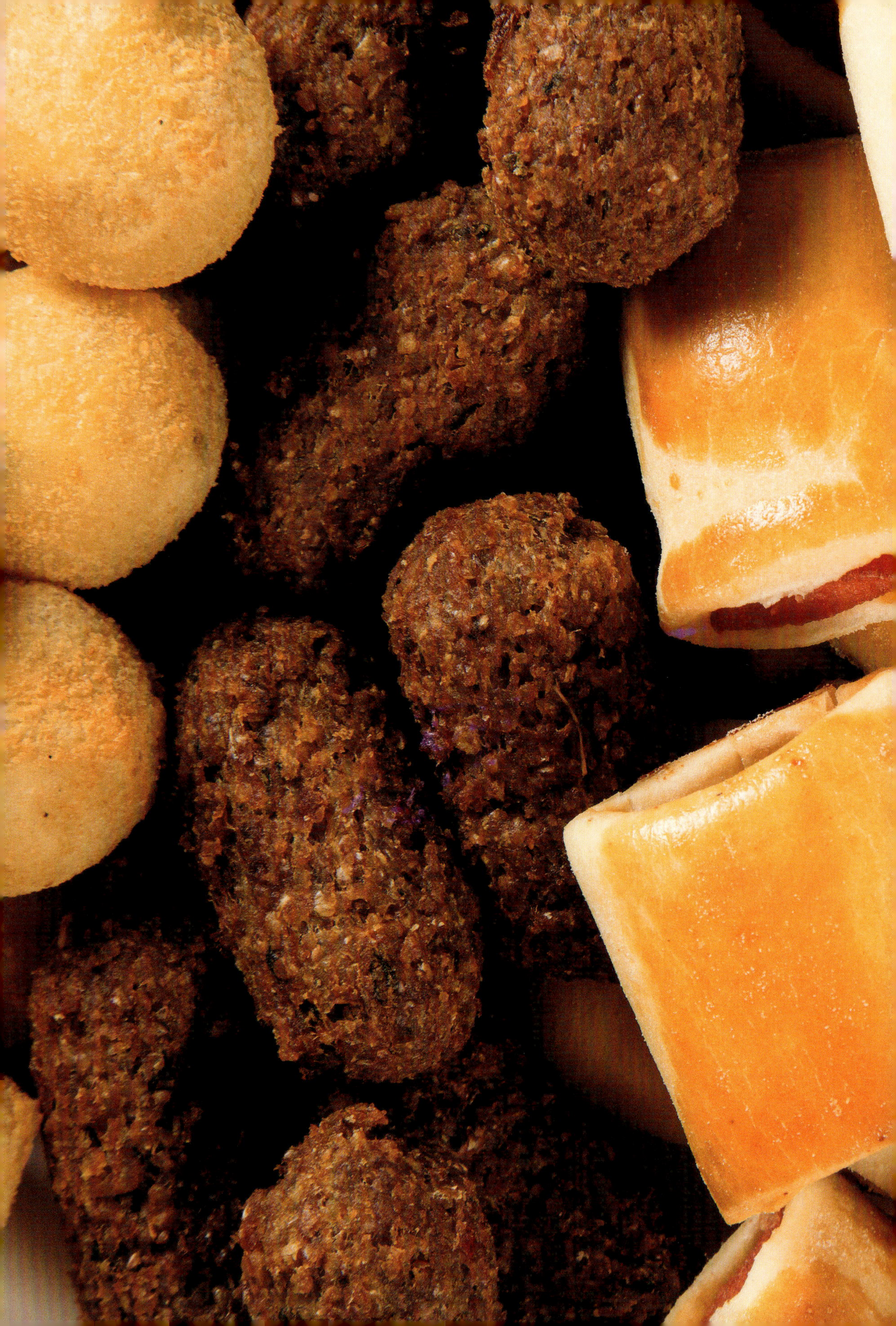

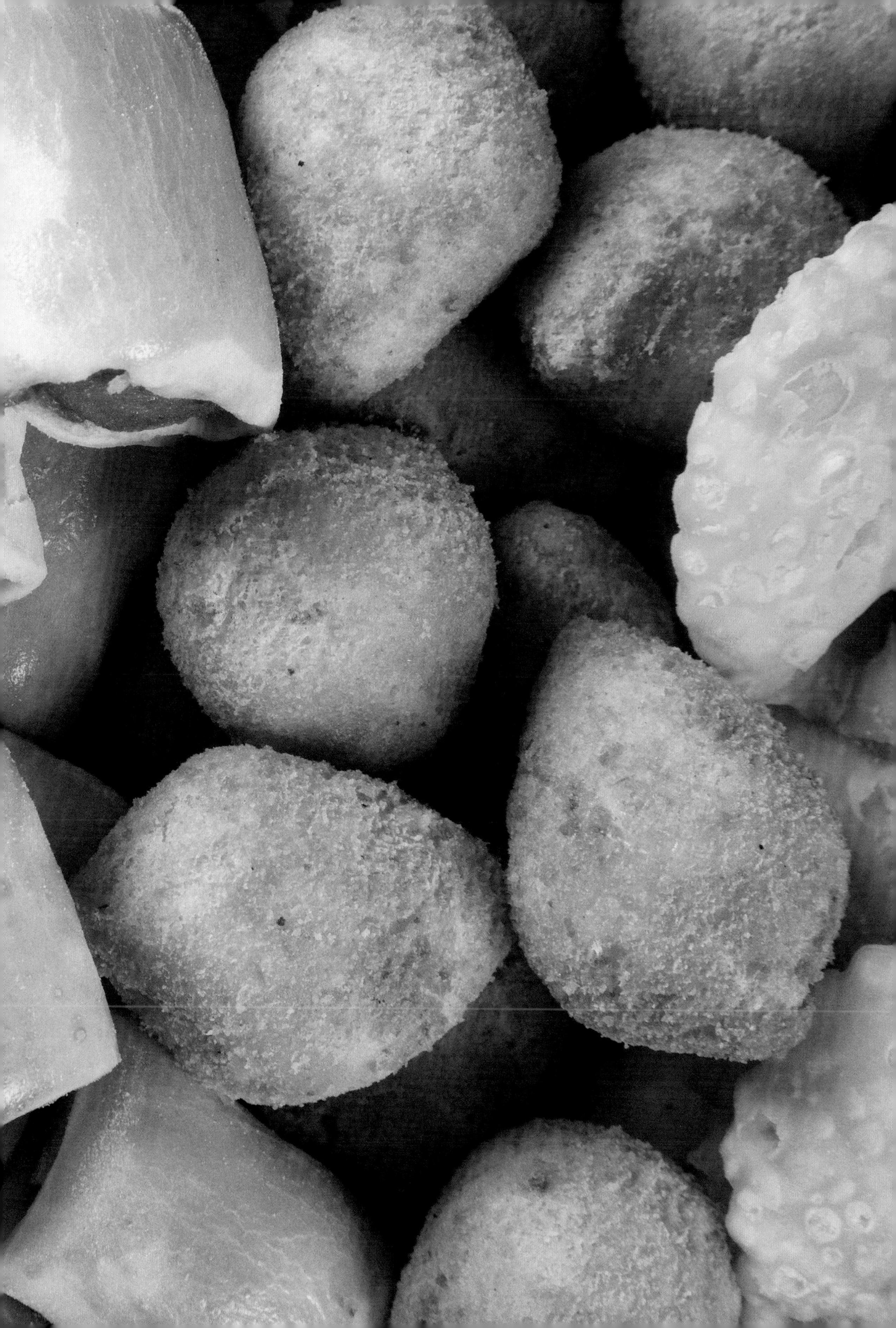

GESTÃO DA *qualidade*

CAPÍTULO 7

Até aqui, já tratamos de vários assuntos que influenciam diretamente na almejada qualidade dos salgados: a higiene pessoal e do local de trabalho, os métodos para garantir uma boa modelagem e um bom empanamento, as boas práticas de congelamento e fritura, etc. No entanto, quando trabalhamos com a confecção e a comercialização de salgados, ainda precisamos nos atentar a vários outros aspectos, como os cuidados com a compra e o armazenamento dos insumos, com a embalagem e a rotulagem, com os processos de transporte, etc. São essas boas práticas que conheceremos aqui, e é fundamental que você as aplique em seu empreendimento, seja ele de venda de salgados congelados ou fritos.

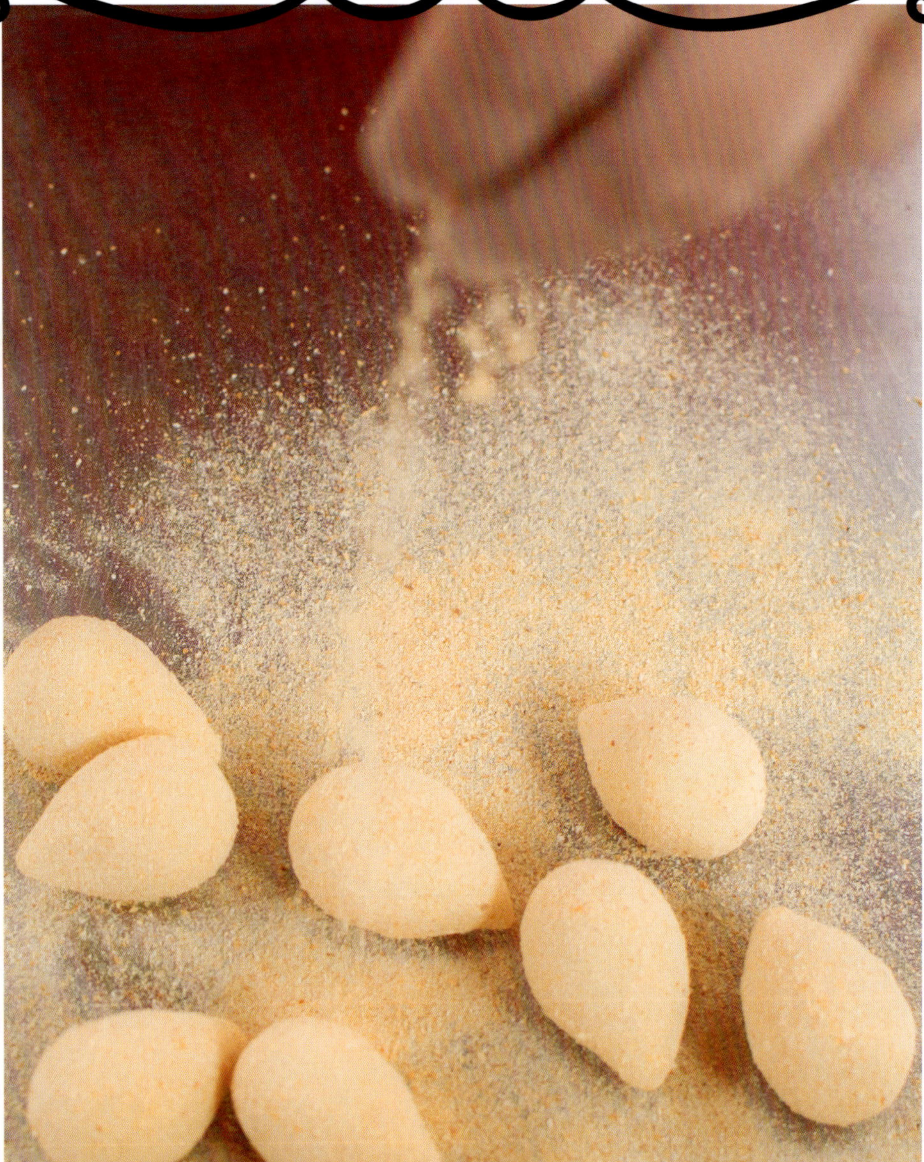

COMPRAS

É na etapa de compras que começa todo o processo produtivo. É imprescindível manter uma boa relação com os fornecedores para conseguir possíveis descontos ou produtos de cortesia, a fim de diminuir os custos sem perder a qualidade. Obter isso vai depender quase exclusivamente da quantidade que você vai comprar.

Caso consiga uma boa negociação com algum fornecedor de insumos perecíveis, **verifique a validade** de tudo o que for entregue. Se possível, verifique essa informação com o vendedor antes do fechamento do pedido, para que você tenha o maior prazo possível e consiga manter e utilizar os insumos dentro da validade.

Sistemas PEPS e PEVS

Uma regra básica para quem trabalha no ramo de alimentação é o sistema conhecido pelo acrônimo PEPS, que significa "o primeiro que entra é o primeiro que sai". O sistema PEPS, portanto, visa controlar quais insumos serão utilizados primeiro, quais já estão sendo utilizados e se há mais de uma embalagem aberta do mesmo produto.

Especificamente para insumos embalados, esse sistema deve ser considerado PVPS, "o primeiro que vence é o primeiro que sai", pois no caso desses produtos o que importa é a data de validade que está no rótulo.

Mantenha sempre o controle do seu estoque com planilhas ou fichas técnicas para saber quando comprar, o que comprar, em qual quantidade comprar e qual a validade de cada lote ou produto armazenado. Evite o desperdício de material – e a consequente redução dos lucros.

HIGIENE, LIMPEZA E ORGANIZAÇÃO

É impossível falarmos de produtos alimentícios e não falarmos de higiene e limpeza.

Garantir a limpeza e a sanitização de superfícies, utensílios e maquinários, assim como das mãos e do vestuário (em suma, de tudo o que estiver envolvido na produção), é fundamental em todas as etapas do processo, desde o armazenamento da matéria-prima até a distribuição do produto final. Os procedimentos mencionados na sequência estão mais bem descritos no capítulo 1.

Quanto à higiene pessoal, mantenha sempre as roupas limpas, as mãos bem lavadas, as unhas curtas e sem esmalte ou base e os cabelos bem presos. Utilize máscaras e luvas. Algumas empresas ainda preconizam o uso de protetor de braço para que não caiam pelos sobre os alimentos.

Lave as mãos com sabão neutro e inodoro sempre que: mudar de função; manusear algum objeto alheio à produção; coçar o nariz, os olhos e a orelha; antes de colocar as luvas e ao trocá-las; ao usar o banheiro; e sempre que se fizer necessário. O processo de lavagem das mãos parece algo corriqueiro, mas requer nossa total atenção.

No caso dos utensílios, em especial as placas de corte, lave-os muito bem a cada uso com sabão neutro inodoro e enxágue bem. Finalize com álcool 70° e deixe secar naturalmente. Acondicione-os em lugares próprios como gavetas e caixas organizadoras.

O local de produção deve ser limpo ao começar e ao finalizar a produção. Lave mesas e bancadas com sabão neutro inodoro e enxágue bem. Finalize com álcool 70° e deixe secar naturalmente. Se preferir, sanitize com água clorada 5 ppm (ver capítulo 1).

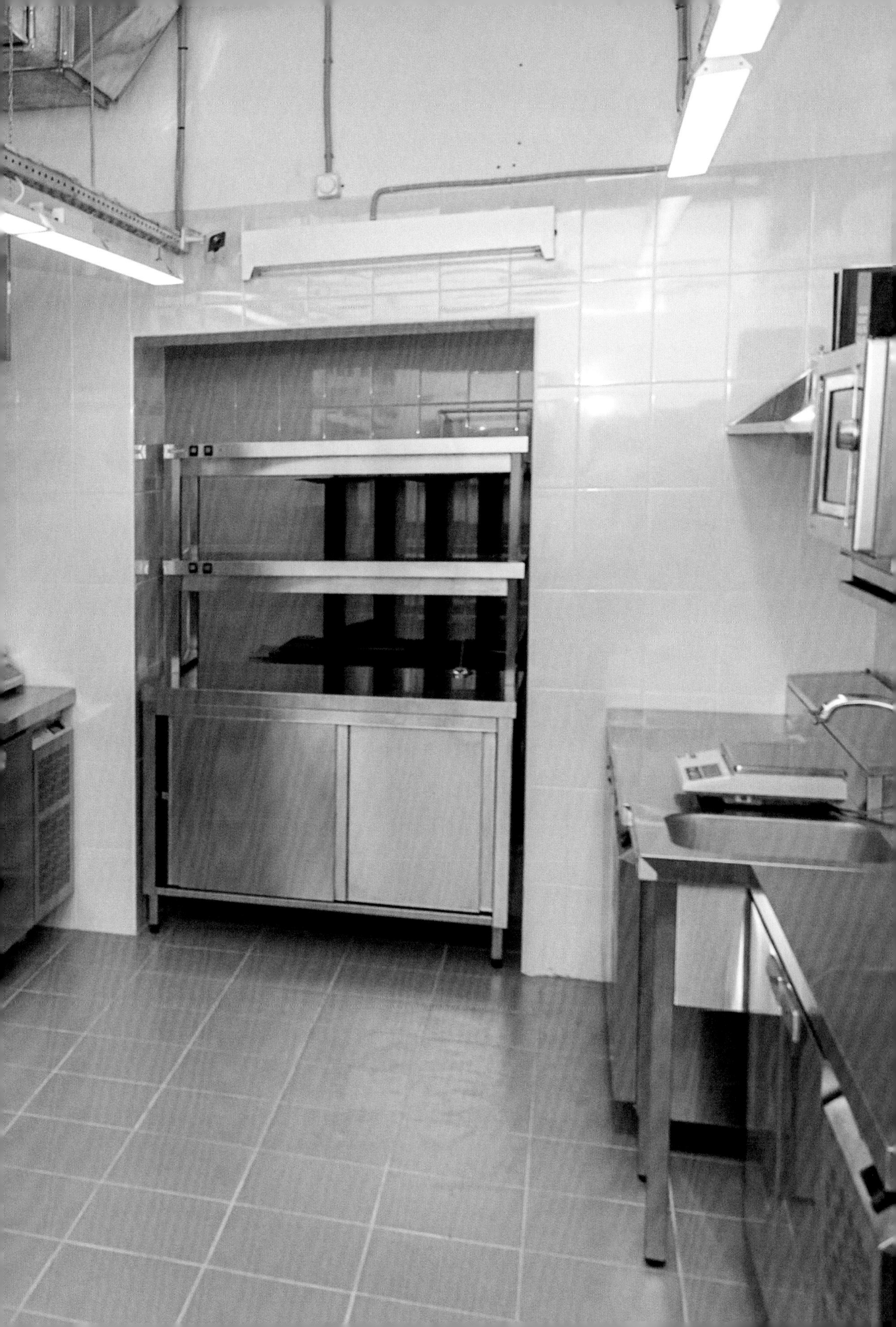

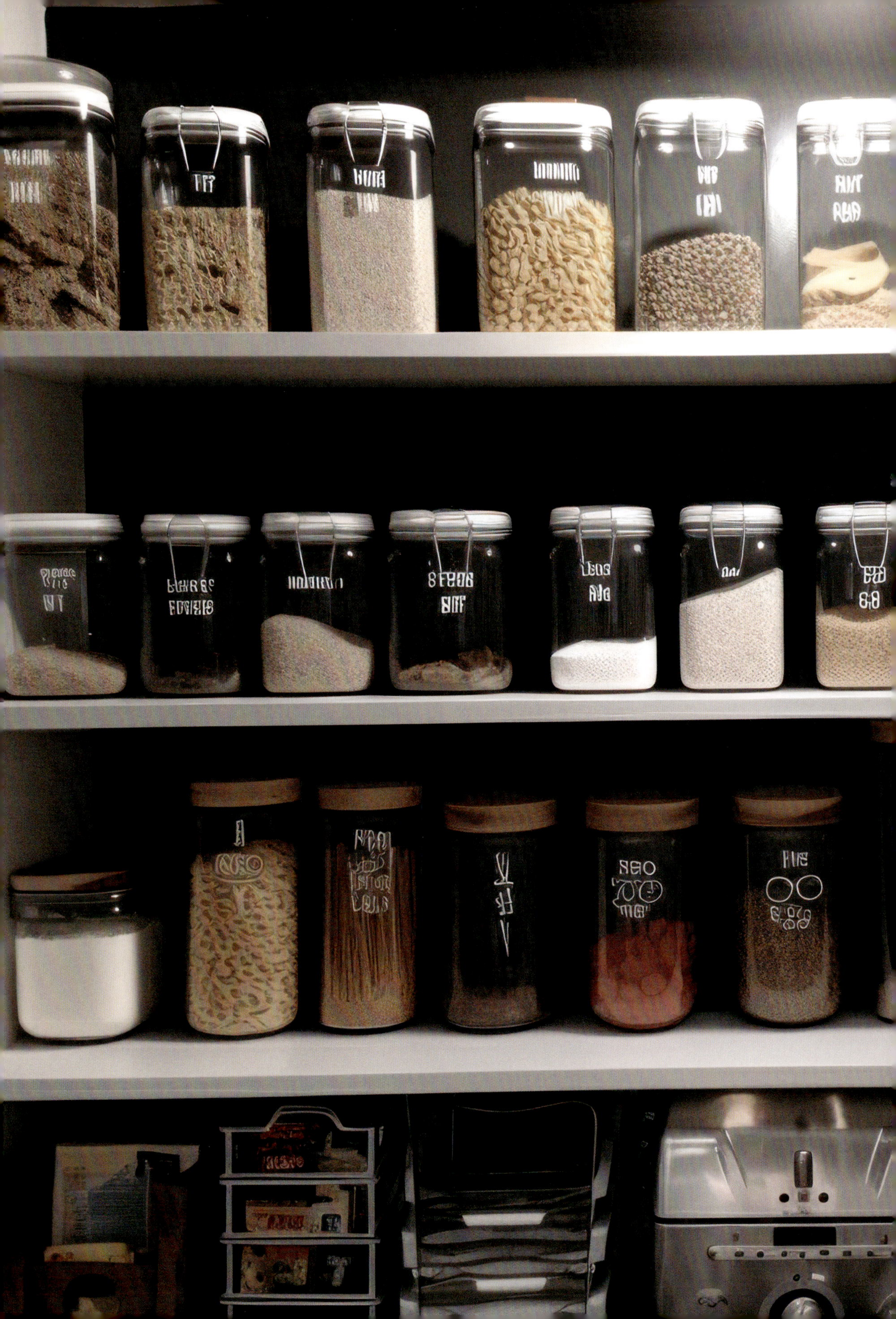

ARMAZENAMENTO DE INSUMOS

Cada matéria-prima exige um tipo de cuidado diferente. Atente sempre em seguir as instruções contidas nas embalagens, tanto no caso de produtos ainda fora de uso quanto no caso daqueles que já estão abertos.

Caso o insumo esteja fora de sua embalagem original, etiquete-o com as seguintes informações:

- peso;
- data em que foi aberto;
- data de validade após aberto;
- lote do produto; e
- a inscrição: "usar este primeiro".

Locais como freezers, câmaras frias e geladeiras devem estar limpos e livres de mofo e de acúmulos de gelo. Faça uma inspeção semanal para certificar-se de que tudo esteja limpo. Se não estiver, providencie a limpeza imediata para evitar contaminações que possam comprometer o material e ocasionar desperdício.

Quanto ao estoque seco, mantenha-o sempre arejado, livre de poeira e de possíveis pragas. Insumos como farinha de trigo, farinha de rosca, grãos e pó podem facilmente ser contaminados por fungos, insetos e mofo se não acondicionados corretamente.

PRÉ-PREPARO DE MASSAS E RECHEIOS

Para qualquer preparo, é ideal fazer a *mise en place* (pesagem e disposição) de todos os ingredientes para evitar erros como a falta, a troca ou a repetição de certo ingrediente (ver capítulo 1).

Certifique-se de que o equipamento a ser utilizado (masseira cozedora, por exemplo) esteja limpo e livre de resíduos, com as peças bem encaixadas, ligado à tomada e com o gás ainda desligado, se for o caso. Quanto a utensílios como panelas, certifique-se de que estejam limpos e livre de resíduos.

Com os ingredientes já separados e devidamente pesados conforme a formulação (receita), inicie o processo de preparo da massa como consta na ficha técnica ou no receituário.

EMBALAGENS

O tipo de embalagem utilizado dependerá do tipo de produto. Para produtos com alto teor de gordura, como é o caso dos salgados, o ideal é optar por embalagens com atmosfera modificada ou por embalagens a vácuo. Isso porque o oxigênio é um dos responsáveis pela oxidação da gordura, juntamente com a presença de luz. Quando utilizamos algum tipo de gás na embalagem, como o gás carbônico, ou quando retiramos o oxigênio de dentro da embalagem, a oxidação acontece de forma mais lenta.

Muitos produtos processados ou ultraprocessados são vendidos nesses tipos de embalagem. São exemplos de produtos em embalagens com atmosfera modificada as batatas chips, os salgadinhos fritos e o pão de queijo congelado; quanto aos produtos em embalagens a vácuo, são exemplos os queijos e as carnes.

Existem muitos tipos de máquina no mercado para embalar produtos alimentícios a vácuo ou em atmosfera modificada. No geral, trata-se de um investimento elevado, mas que vale a pena para quem pretende se profissionalizar no ramo, garantindo a segurança do alimento. É possível encontrar opções de seladoras a vácuo domésticas, que são mais em conta.

Seja qual for o tipo de embalagem escolhido, o envase deve ser feito após o congelamento total para evitar deformação e amassamento do produto. O tempo máximo de conservação para todos os casos é de 3 meses a partir da data de fabricação.

ROTULAGEM

Todo produto a ser comercializado deve ter um rótulo com as seguintes informações:

- nome do produto;
- peso líquido;
- modo de preparo;
- forma de armazenamento e tempo de conservação;
- data de fabricação;
- data de validade;
- lote;
- se contém ou não glúten;
- se contém lactose;
- se contém outros ingredientes que podem desencadear alergias no consumidor (soja, castanhas, etc.);
- lista de ingredientes;
- nome da empresa ou do produtor, se for pessoa física;
- telefone para contato, e-mail e site (se houver);
- CNPJ (se houver);
- endereço do fabricante;
- tabela de informação nutricional (idealmente são feitas por nutricionistas, mas também é possível utilizar softwares ou sites para elaborá-las);
- símbolos no painel frontal se o produto contiver excesso de gordura saturada, açúcar adicionado ou sódio (figura 1).

Figura 1. Modelo para declaração da rotulagem nutricional frontal.
Crédito: Reprodução/Anvisa.

Para mais informações sobre a rotulagem de alimentos, que desde 2020 tem novas regras no Brasil, acesse o site da Agência Nacional de Vigilância Sanitária (Anvisa): https://www.gov.br/anvisa/pt-br/assuntos/alimentos/rotulagem

DISTRIBUIÇÃO E ARMAZENAMENTO

O processo de preservação das condições de refrigeração adequadas aos alimentos durante seu transporte é o que chamamos de **cadeia de frio**. Essa prática visa controlar as temperaturas dos produtos durante todo o processo, da saída do local de produção até o destino final, protegendo-os de grandes variações térmicas.

Caso comercialize seus produtos congelados, é extremamente importante que eles não sofram qualquer tipo de descongelamento durante o transporte. Ao retirá-los do congelador ou da câmara fria, o ideal é carregá-los imediatamente no caminhão frigorífico, caso disponha de um, ou em caixa de isopor com gelo em gel ou gelo seco, para que a temperatura se mantenha até chegar ao cliente. Atente-se à temperatura do ambiente a que o produto será exposto durante o transporte. O ideal é manter a mesma temperatura a que ele estava exposto durante o armazenamento, ou mantê-lo em ambiente até mais frio.

Além disso, também é importante informar seu cliente sobre a forma de armazenamento correta dos produtos, incentivando-o a seguir exatamente as informações que devem constar na embalagem, como a temperatura de armazenamento, a data de validade e as inscrições "mantenha congelado", "não descongelar" e "após aberto, consumir em 'x' dias".

EXPOSIÇÃO EM VITRINE

Estamos acostumados a encontrar salgados em cada esquina. Mas você já parou para pensar se esses lugares seguem as normas de conservação dos produtos?

O ideal é consumir o produto recém-feito, da fritadeira para a mesa, o que nem sempre é possível. Por isso, caso você comercialize seus salgados diretamente para o cliente, existem algumas regras sanitárias a serem observadas e seguidas à risca para que ele tenha uma experiência satisfatória.

O tempo de exposição na estufa é de, no máximo, duas horas sob temperatura controlada de, pelo menos, 60 °C. E lembre-se: passadas as duas horas de exposição, o produto deverá ser descartado.

Mantenha a vitrine sempre limpa, sem marcas de dedos e sem resíduos de poeira. E evite a contaminação cruzada seguindo as boas práticas descritas no capítulo 1.

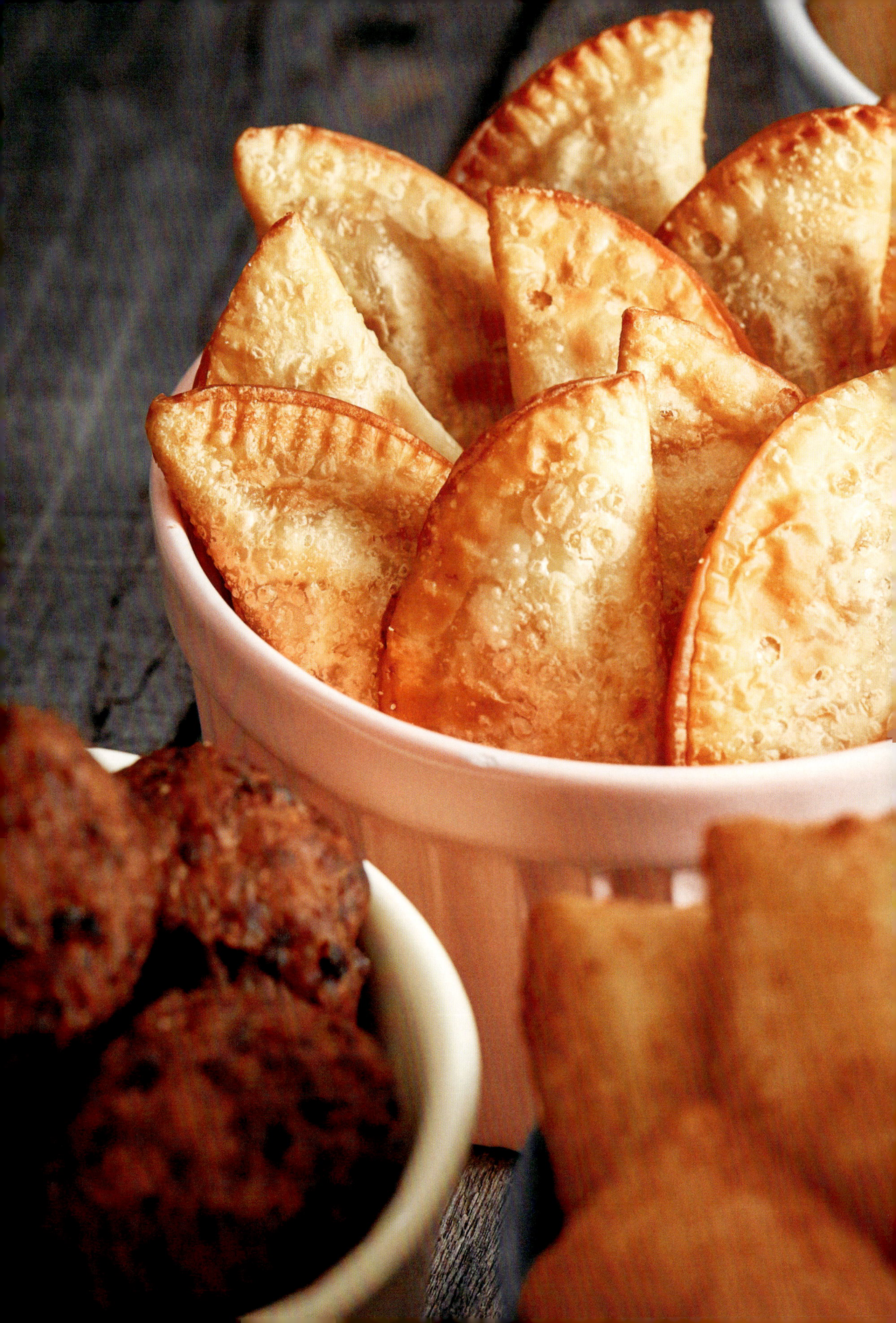

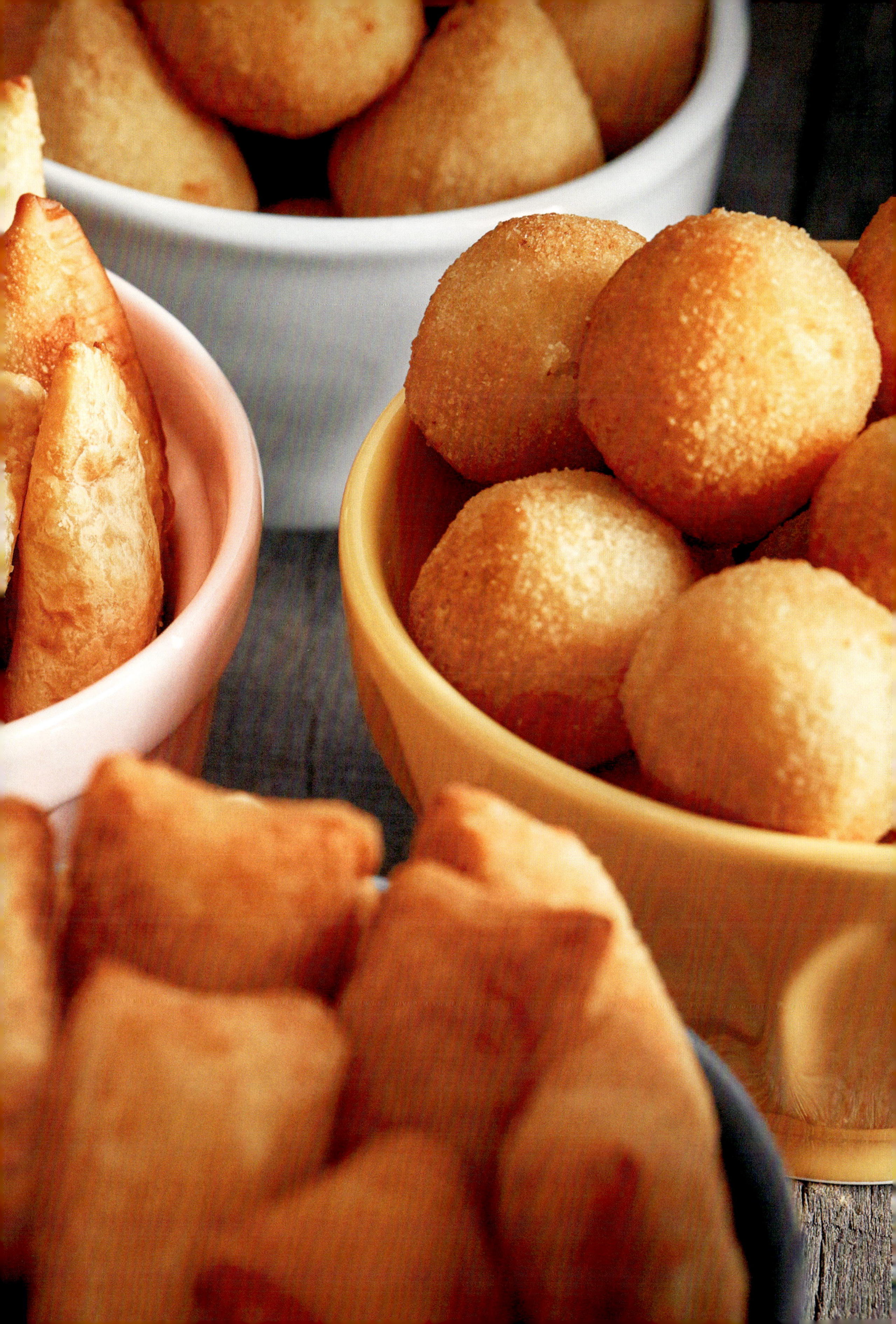

FICHA TÉCNICA E precificação

CAPÍTULO 8

Todo empreendedor deve saber como precificar o seu produto. Mas como começar a vender sem saber os custos de produção nem o lucro pretendido – e, consequentemente, sem saber o preço? Neste capítulo, ensinaremos uma forma fácil de identificar cada um desses conceitos e calculá-los, para que você comece seu empreendimento do jeito certo e sem prejuízos.

O custo de um produto, como veremos em detalhes, é baseado em preço de mercadorias, embalagens, mão de obra, impostos, despesas com aluguel, água, luz, telefone, etc. Por isso, para estipulá-lo, é muito importante manter uma **planilha de controle** de gastos e custos e fazer uso da **ficha técnica**, da qual falaremos na sequência.

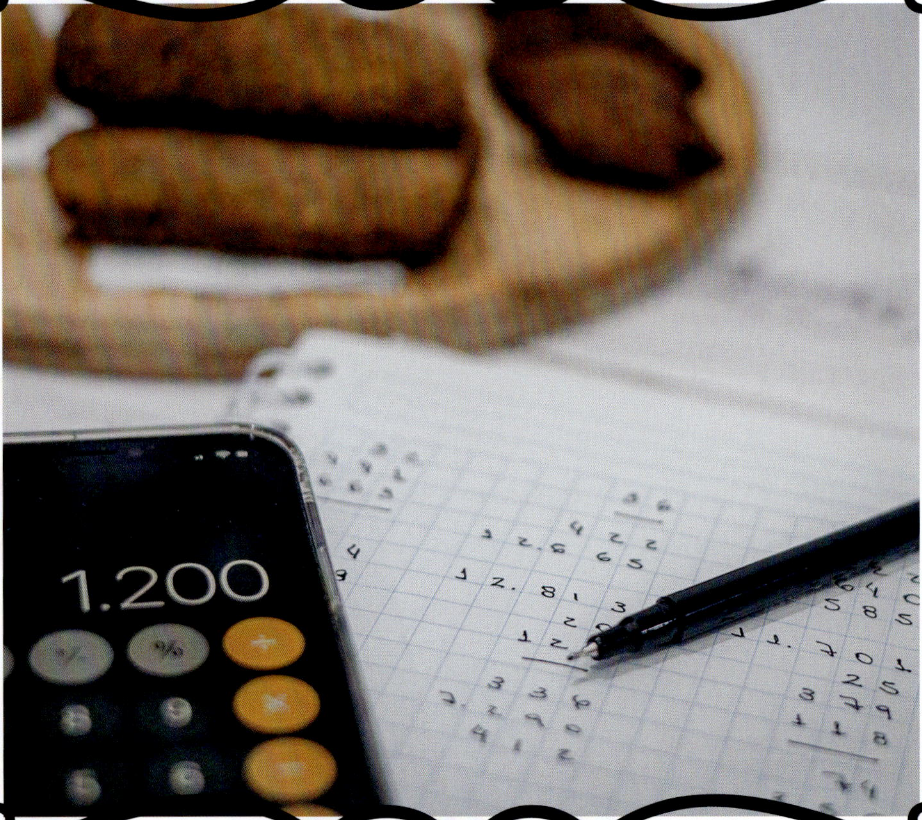
1.200

CONHECENDO A FICHA TÉCNICA

A ficha técnica é um documento que registra todos os ingredientes necessários ao preparo de um produto, detalhando suas quantidades e valores, assim como o modo de preparo. Portanto, com base na ficha técnica é possível conhecer bem o custo de uma receita, e é por isso que se recomenda elaborar a ficha de cada receita do seu empreendimento.

Quadro 1. Ficha técnica simplificada.

NOME DA RECEITA:						
PORÇÕES POR RECEITA:						FOTO DO PRODUTO
CUSTO DA RECEITA:						
CUSTO POR PORÇÃO:						
INGREDIENTE	QUANTIDADE	QUANTIDADE POR PACOTE	PREÇO (R$)	RENDIMENTO (%)	PREÇO FINAL (R$)	CUSTO (R$)
					CUSTO TOTAL	
MODO DE PREPARO						

Na ficha técnica, preencha com detalhes cada um dos campos:

- **Ingrediente:** descrição completa do ingrediente. Exemplo: azeitona verde com caroço, azeitona verde sem caroço, tomate sem pele e sem sementes, etc.
- **Quantidade:** quantidade de cada ingrediente que será empregada na receita; preencher indicando a unidade de medida (kg, g, mL).
- **Quantidade por pacote:** quantidade de um ingrediente em sua embalagem fechada, por exemplo: 1 kg, 250 g, 395 g, etc.

- **Rendimento:** quantidade final do ingrediente caso ele tenha alguma perda, como é o caso do camarão: com casca, 1 kg; sem casca, 500 g. Nesse caso, o rendimento é de 50%.
- **Preço final:** preencher com o preço do ingrediente já calculando o seu rendimento. Veja este exemplo, ainda com o camarão:

  ◇ preço: R$ 78,00 o quilo;
  ◇ rendimento: 500 g;
  ◇ preço final: R$ 156,00.

- **Custo:** preencher com o custo final de cada ingrediente.

Veja, no quadro 2, um exemplo de ficha técnica preenchida com base na receita "Camarão empanado".

Quadro 2. Exemplo de preenchimento de ficha técnica.

NOME DA RECEITA: Camarão empanado
PORÇÕES POR RECEITA: 5
CUSTO DA RECEITA: R$ 158,11
CUSTO POR PORÇÃO: R$ 31,62

INGREDIENTE	QUANTIDADE	QUANTIDADE POR PACOTE	PREÇO (R$)	RENDIMENTO (%)	PREÇO FINAL (R$)	CUSTO (R$)
Camarão descascado	1 kg	1 kg	78,00	50	156,00	156,00
Sal	5 g	1 kg	2,00	100	2,00	0,01
Farinha de trigo	300 g	1 kg	3,99	100	3,99	1,20
Leite	100 g	1 L	4,30	100	4,30	0,43
Farinha de rosca	500 g	1 kg	6,00	100	6,00	3,00
Cheiro-verde (salsinha e cebolinha)	10 g	100 g	4,00	100	4,00	0,40
					CUSTO TOTAL	**161,04**

MODO DE PREPARO

Limpe bem os camarões, retirando a casca, a cabeça e a tripa.
Tempere com sal.
Passe os camarões limpos pela farinha de trigo, depois no leite e por último na farinha de rosca.
Frite em óleo a 180 °C por 2 minutos.
Escorra bem em papel absorvente.
Salpique salsinha e cebolinha picadas.
Sirva ainda quente.

Nota:

observe que, neste caso, a receita pede 1 kg de camarão descascado. Se, ao ser limpo, 1 kg de camarão com casca rende 500 g de camarão sem casca, serão precisos 2 kg para obter 1 kg.

APRENDENDO A PRECIFICAR

Saber o preço de venda do seu produto não é algo fácil, mas é extremamente necessário que você faça corretamente esse cálculo para conseguir não apenas recuperar o seu investimento e pagar todos os custos, mas também remunerar o seu trabalho e o de seus eventuais colaboradores – sem esquecer do lucro. Ouvimos muito por aí que "basta multiplicar os valores gastos por 3 ou por 4 para obter o preço de venda", mas esse cálculo não é confiável, já que, nos custos de qualquer produto, além de todos os ingredientes, devemos contabilizar outros dois elementos indispensáveis: **tempo** e **conhecimento**.

Diz o senso comum que "time is money" ("tempo é dinheiro"), por isso devemos contabilizá-lo para agregar valor ao que queremos vender. Por exemplo, um bolo é algo simples de fazer, com ingredientes baratos e encontráveis em qualquer lugar. Então, por que vendemos bolo se é fácil fazer? Porque existe um mercado de pessoas que não sabem fazer, que não querem fazer ou que simplesmente acham mais cômodo comprar do que preparar. Quem está disposto a ter essa comodidade deve estar disposto a pagar por ela. É aí que entra o **valor agregado** do tempo e do conhecimento.

Para que você entenda como deve funcionar a precificação do seu produto, exemplificamos esse cálculo de forma fácil e esquematizada na figura 2 e nos tópicos a seguir.

INSUMOS
(INGREDIENTES, EMBALAGENS, ETIQUETAS, ETC.)

+

DESPESAS
(ÁGUA, LUZ, GÁS, TELEFONE, ETC.)

+

MÃO DE OBRA
(SALÁRIO, DIÁRIA)

+

LUCRO

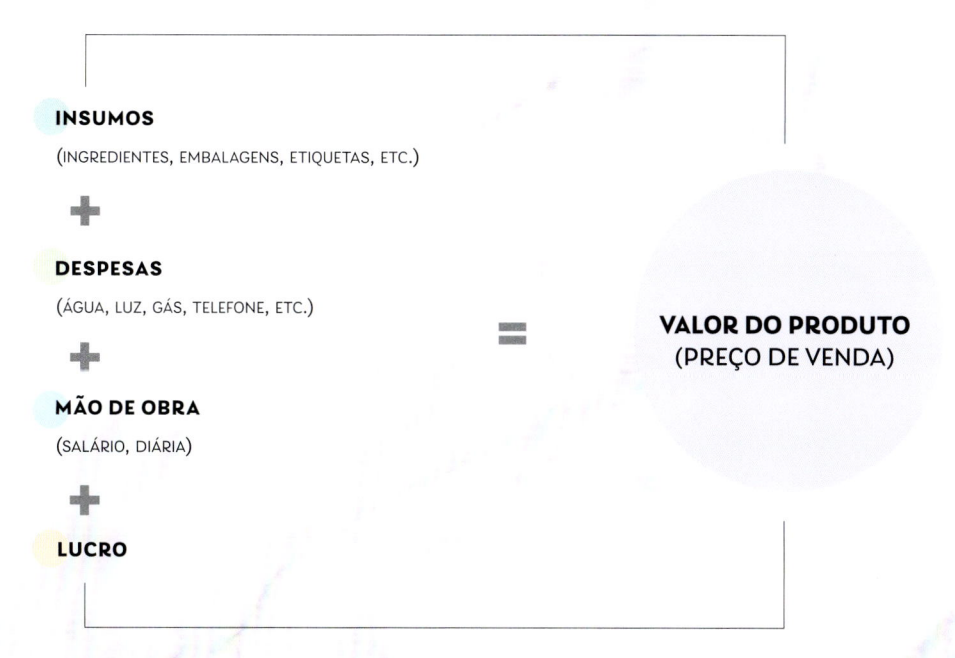

= **VALOR DO PRODUTO**
(PREÇO DE VENDA)

Figura 2. Precificação do produto.

Gastos e custos

Em gastos e custos estão englobados três grandes grupos: os insumos, as despesas e a mão de obra. Você vai compreender melhor como identificá-los e calculá-los com base no exemplo a seguir de produção de um recheio de frango.

INSUMOS

Os insumos englobam tudo o que está envolvido no processo de preparo do produto (ingredientes) e de comercialização (caixas, etiquetas, papel de embrulho, etc.). Os custos desses insumos não podem faltar para que cheguemos ao valor final do produto de forma correta. Eles devem estar dispostos na ficha técnica de cada preparo e com valores atualizados.

EXEMPLO: VALOR DO RECHEIO DE FRANGO (VALORES FICTÍCIOS) – RENDIMENTO: 4,625 KG

3 KG DE PEITO DE FRANGO DESOSSADO CORTADO EM CUBOS – R$ 57,00

750 G DE ÁGUA – R$ 2,00

300 G DE MOLHO DE TOMATE – R$ 3,00

20 G DE SAL – R$ 0,05

350 G DE CEBOLA PICADA – R$ 2,50

20 G DE ALHO PICADO – R$ 0,20

10 G DE SALSA PICADA – R$ 0,50

200 G DE FLOCOS DE BATATA – R$ 2,00

VALOR TOTAL: R$ 67,25

DESPESAS

Existem dois tipos de despesas: as **fixas** e as **variáveis**. Fixas são aquelas cujo valor se mantém independentemente do volume de produção ou vendas – por exemplo: aluguel, internet, salário de funcionários, etc. Já as despesas variáveis são aquelas cujo valor aumenta ou diminui a depender dos resultados do seu empreendimento – por exemplo: luz, água, impostos, gás, etc.

EXEMPLO: DESPESAS FIXAS E VARIÁVEIS EM UM MÊS (VALORES FICTÍCIOS)

GÁS: R$ 125,00

ÁGUA: R$ 200,00

LUZ: R$ 300,00

TELEFONE: R$ 80,00

ALUGUEL: R$ 3.000,00

OUTRAS DESPESAS: R$ 120,00

TOTAL: R$ 3.825,00

PARA SABERMOS O VALOR DAS DESPESAS DIÁRIAS, DIVIDIMOS O TOTAL DE DESPESAS PELOS DIAS DE UM MÊS:

R$ 3.825,00 ÷ 30 DIAS = R$ 127,50

PRECISAMOS, AGORA, SABER O VALOR DAS DESPESAS POR HORA. COM BASE NO VALOR ANTERIOR E TOMANDO COMO EXEMPLO 6 HORAS DE TRABALHO, DIVIDIMOS O VALOR DAS DESPESAS DE UM MÊS POR UM DIA DE TRABALHO:

R$ 127,50 ÷ 6 HORAS = R$ 21,25

AGORA, PARA SABER O VALOR POR MINUTO, DIVIDIMOS O VALOR DAS DESPESAS DE UM DIA DE TRABALHO POR 60 MINUTOS (1 HORA):

R$ 21,25 ÷ 60 MINUTOS = R$ 0,35

MÃO DE OBRA

Todo trabalho tem um custo a ser coberto, e seu cliente deve pagá-lo para usufruir do produto que você se dispôs a preparar. A mão de obra é um desses custos e engloba o salário de funcionários envolvidos na produção. Como saber o valor que devo cobrar considerando a mão de obra?

EXEMPLO: CÁLCULO DO VALOR DA MÃO DE OBRA NO PREPARO DO RECHEIO DE FRANGO

SALÁRIO MENSAL DE UM COLABORADOR: R$ 1.500,00

VALE-TRANSPORTE (MENSAL): R$ 176,00

DESCONTO DE VALE-TRANSPORTE: R$ -90,00

PLANO DE SAÚDE: R$ 320,00

VALE-REFEIÇÃO: R$ 118,00

PROVISÃO DE 13º: R$ 125,00

PROVISÃO DE 1/3 DE FÉRIAS: R$ 41,67

FGTS: R$ 120,00

PROVISÃO DE FGTS: R$ 13,33

INSS (20% DO SALÁRIO BRUTO): R$ 300,00

PROVISÃO DE INSS SOBRE 13º E FÉRIAS: R$ 33,33

CUSTO TOTAL DO FUNCIONÁRIO: R$ 2.747,33

DIAS TRABALHADOS/MÊS: 20

HORAS DE TRABALHO DIÁRIAS: 6

HORAS DE TRABALHO SEMANAIS: 30

HORAS DE TRABALHO MENSAIS: 120

PARA SABER QUAL É O VALOR DO DIA DE TRABALHO, DIVIDIMOS O SALÁRIO MENSAL PELO NÚMERO DE DIAS TRABALHADOS:

R$ 2.747,33 ÷ 20 DIAS = R$ 137,37

COM BASE NESSE VALOR, AGORA PRECISAMOS SABER QUANTO NOS CUSTA A HORA TRABALHADA. DIVIDIMOS, ENTÃO, O VALOR DA DIÁRIA PELAS HORAS TRABALHADAS:

R$ 137,37 ÷ 6 HORAS = R$ 22,89

ALGUNS PREPAROS NA COZINHA SÃO EXTREMAMENTE RÁPIDOS, FICANDO PRONTOS EM ALGUNS MINUTOS, POR ISSO PRECISAMOS SABER TAMBÉM O VALOR DA MÃO DE OBRA POR MINUTO. DIVIDIMOS, ENTÃO, O VALOR DA HORA TRABALHADA POR 60 MINUTOS (1 HORA):

R$ 22,89 ÷ 60 MINUTOS = R$ 0,38

AGORA, PARA SABER O VALOR EXATO DE CADA RECEITA OU PRODUTO, DEVEMOS SABER O TEMPO DE PREPARO ENTRE A *MISE EN PLACE* E O PRODUTO PRONTO. TOMANDO COMO EXEMPLO O MESMO RECHEIO DE FRANGO, TEMOS:

CORTE E LIMPEZA DO PEITO DE FRANGO: 20 MINUTOS

CORTE DOS TEMPEROS: 10 MINUTOS

PESAGEM DOS INGREDIENTES: 10 MINUTOS

COZIMENTO: 15 MINUTOS

FINALIZAÇÃO: 10 MINUTOS

TEMPO TOTAL: 65 MINUTOS

O CUSTO TOTAL DE HORAS PARA PREPARAR O RECHEIO DE FRANGO É ESTABELECIDO MULTIPLICANDO-SE O CUSTO DO MINUTO DA MÃO DE OBRA PELO TEMPO TOTAL DO PREPARO:

R$ 0,38 × 65 MINUTOS = R$ 24,70

LUCRO

O lucro deve ser estipulado em todo serviço que você vai oferecer. Vale lembrar que oferecer um serviço e um produto diferenciados também conta como valor agregado para contabilizar no lucro final.

Tomar os concorrentes como exemplo é um ótimo caminho para estipular o lucro. Compare a qualidade do seu produto com o dos concorrentes, pesquise os preços praticados em sua região e estipule uma média que seja boa para você e para o seu cliente.

Ainda assim, não podemos ficar muito distantes dos preços praticados no mercado para poder abranger o maior número possível de clientes. A porcentagem de lucro vai depender de quanto você quer de valor restante depois de ter pago todos os custos e ter reposto os gastos. Aqui, sugerimos uma margem de 30%, mas ela poderá ser maior ou menor conforme sua necessidade.

EXEMPLO: ESTIPULAÇÃO DO LUCRO PARA O RECHEIO DE FRANGO

PARA ESTIPULAR O VALOR DO SEU LUCRO UTILIZANDO O MESMO RECHEIO DE FRANGO COMO EXEMPLO, DEVEMOS SOMAR OS CÁLCULOS QUE JÁ FIZEMOS:

VALOR DOS INSUMOS: R$ 67,25

VALOR DAS DESPESAS: R$ 0,35 × 65 MINUTOS = R$ 22,75

VALOR DA MÃO DE OBRA: R$ 0,38 × 65 MINUTOS = R$ 24,70

CUSTO TOTAL DE PRODUÇÃO: R$ 114,70

AGORA, PARA CALCULAR O VALOR DO LUCRO PARA O RECHEIO DE FRANGO, DEVEMOS MULTIPLICAR O CUSTO DE PRODUÇÃO DESSE PRODUTO PELA PORCENTAGEM DE LUCRO, QUE, NESSE CASO, É DE 30%:

R$ 114,70 × 0,30 = R$ 34,41

PREÇO DE VENDA

Por fim, conforme vimos na figura 2, para estipular o preço de venda devemos somar todos os insumos, as despesas, a mão de obra e o lucro desejado. No exemplo dado, portanto, para obter o preço final de venda de 4,625 kg de recheio de frango, devemos somar o custo de produção e o lucro, já calculados nos passos anteriores. Assim, teremos:

R$ 114,70 + R$ 34,41 = **R$ 149,11**

NICHOS DE mercado

CAPÍTULO 9

O mercado de salgados é enorme, variado e extremamente viável. Tendo em vista que os serviços de alimentação no Brasil movimentam quase R$ 200 bilhões de reais por ano e que a tendência é de crescimento (Aragão, 2023), ainda temos muito o que explorar.

De alguns anos para cá, o mercado de salgados se modificou e se reinventou diversas vezes, trazendo sempre inovações, como novos sabores, novas apresentações e novos formatos – como é o caso da coxinha no copo, que tem feito sucesso em algumas cidades brasileiras e que engloba todos esses aspectos, além de ser um produto competitivo.

Vamos, a seguir, conhecer um pouco de cada nicho, que pode (e deve) ser explorado conforme a necessidade da sua região e de seus clientes.

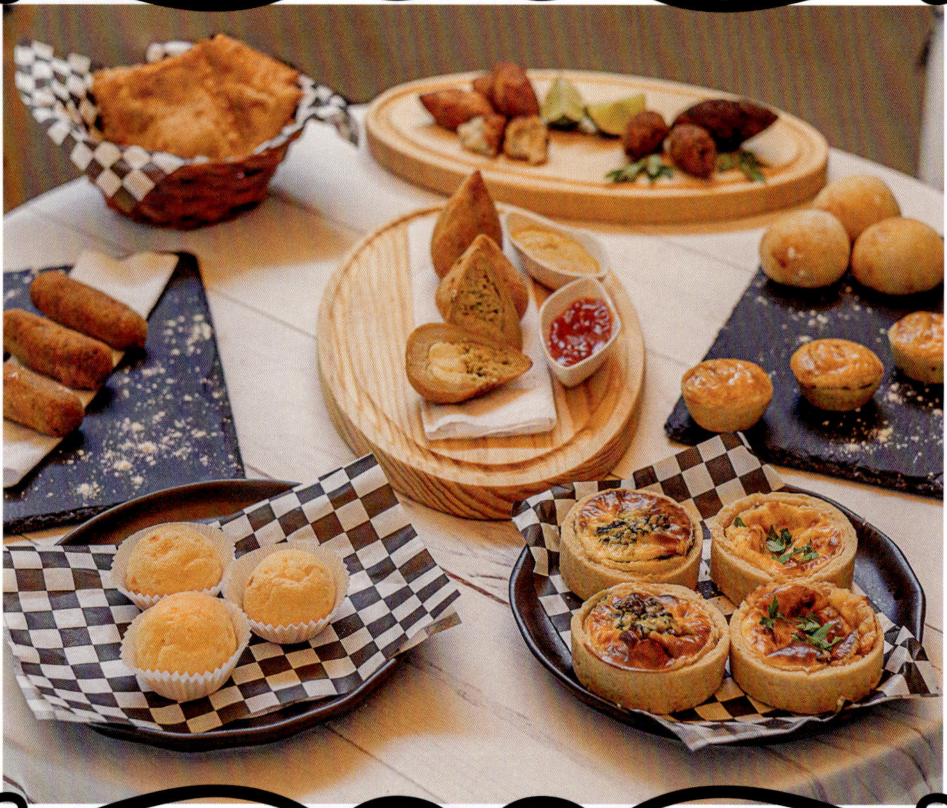

PRINCIPAIS NICHOS DE MERCADO

SALGADOS CONGELADOS PARA REVENDA:
venda para empresas (B2B)

É, talvez, o mercado mais competitivo entre todos os que veremos aqui, mas em contrapartida é o mais promissor devido à grande quantidade de empresas que buscam fornecedores com qualidade e preço acessível. Esse tipo de negócio é conhecido como B2B, uma abreviação em inglês para *business to business* (negócio para negócio, em tradução livre), ou seja, uma venda ou transação feita de uma empresa para outra.

Muitos estabelecimentos que vendem salgados (como lanchonetes) ou os oferecem como parte de outros serviços (como buffets) não contam com produção própria. Eles têm um giro muito grande e podem ser parte de um grande negócio. Invista em fornecimento direto, oferecendo um preço competitivo e evidenciando sua qualidade e o comprometimento com a entrega imediata. Mesmo que essas empresas já tenham fornecedores ou fabricação própria, sempre haverá chance de venda, ainda mais quando se oferece um produto diferente e de qualidade.

Leve sempre amostras para que as empresas provem e comparem com o produto que elas vendem. Tenha disponibilidade de modificar o tamanho conforme peçam, mas não abra mão da qualidade e do seu preço. Negociar é algo positivo, desde que você não saia perdendo. Ao fazer as fichas técnicas para determinar o preço de cada produto, estabeleça uma margem mínima de lucro a que você pode chegar para fechar um bom negócio sem sair perdendo.

ONDE OFERECER?

- Buffets de festas
- Supermercados
- Padarias
- Lanchonetes
- Bares (porções)

O QUE OFERECER?

- Salgados tamanho lanchonete (o tamanho varia de acordo com a sua região)
- Salgados tamanho festa ou coquetel
- Pão de queijo congelado
- Empadas grandes e tamanho festa

LANCHONETES E OUTROS ESTABELECIMENTOS PRÓPRIOS:
venda direta ao consumidor (B2C)

B2C é uma abreviação em inglês para *business to consumer* (negócio para consumidor, em tradução livre), ou seja, uma venda feita diretamente ao consumidor final. Esse é, portanto, o tipo de negócio em que você não apenas produz o salgado, mas também lida diretamente com o público, fornecendo-lhe em estabelecimento próprio produtos já prontos para o consumo.

A venda direta ao consumidor pode ser feita tanto em um estabelecimento físico, como lanchonetes ou food trucks, quanto em um estabelecimento que opere por meio de delivery ou retirada. A escolha do modelo vai depender de fatores como seu orçamento para investir em um novo negócio, sua capacidade atual de produção, o espaço que você tem disponível, etc. Seja como for, independentemente do modelo escolhido, é muito importante que você faça um plano de negócios detalhado para ter um crescimento seguro.

ONDE OFERECER?

- Lanchonetes próprias
- Food trucks
- Barracas em festas e eventos
- Delivery e retirada

O QUE OFERECER?

- Salgados tamanho lanchonete (o tamanho varia de acordo com a sua região)
- Empadas grandes
- Pão de queijo tamanho lanche
- Pão de batata, esfirra e quiches assados

Vale reforçar uma dica já dada no capítulo 1: recorra ao Sebrae para obter informações confiáveis sobre como montar ou melhorar o seu negócio. Se ainda estiver na etapa de planejamento, você pode encontrar no site da entidade instruções detalhadas sobre como montar uma lanchonete, um food truck ou um serviço de alimentos congelados, por exemplo. Para isso, basta entrar no site (www.sebrae.com.br/), cadastrar-se e buscar pela palavra-chave desejada.

REGENERAÇÃO:
salgados já fritos ou assados e congelados

Você já deve ter visto em salas de embarque de aeroportos e rodoviárias, ou em estações de trem e metrô, alguma loja vendendo coxinhas e outros salgados. Mas como eles fazem para fritá-los? Na verdade, os salgados não são preparados nesses locais. Eles chegam já fritos e congelados, prontos para serem descongelados, aquecidos no forno e servidos. É a isso que chamamos de regeneração.

A diferença de qualidade entre o salgado frito na hora e o regenerado não é muito grande, mas é perceptível devido à falta de crocância e textura da massa, que pode ficar um pouco ressecada caso o preparo não seja feito corretamente. Já com salgados assados isso não acontece, porque a estrutura da massa e o modo de preparo são diferentes, o que garante que a qualidade e a maciez serão mantidas.

O conceito de regeneração, ainda relativamente novo, é um mercado em expansão devido à facilidade do preparo.

ONDE OFERECER?

- Feiras e convenções (serviço de buffet em stands de empresas)
- Mercados (venda em expositores refrigerados)
- Buffets de festa
- Padarias

O QUE OFERECER?

- Salgados tamanho lanchonete (o tamanho varia de acordo com a sua região)
- Empadas grandes assadas e congeladas
- Pão de batata assado e congelado
- Esfirra assada e congelada
- Quiches assados e congelados

Minissalgados

Finger foods são refeições servidas em pequenas porções individuais, como canapés e outros aperitivos, para comer com as mãos. Em meados de 2010, esse conceito foi aplicado ao ramo de salgados, quando uma empesa capixaba criou, em 2011, a coxinha no copo (ou coxinha no cone), conceito que se espalhou pelo Brasil e depois pelo mundo (Lucena, 2014; Machado, 2023).

Os minissalgados, que variam entre 7 g e 12 g, a depender do mercado a ser explorado, podem ser consumidos em qualquer lugar e a qualquer hora. São geralmente servidos em copos ou em cones de papel, o que torna prático o consumo. E é justamente isso, além do preço relativamente baixo, que os fez se tornarem tão populares.

Caso você não queira ter a sua própria loja de minissalgados e opte por trabalhar com produção e distribuição (B2B), uma boa opção é oferecer seus produtos em buffets de festa infantil. Muitas dessas casas oferecem alimentação diferenciada para os pequenos, e esses salgados de 7 g atendem perfeitamente a esse público-alvo.

ONDE OFERECER?	O QUE OFERECER?
• Buffets de festa infantil	• Salgados em versão mini (coxinha, quibe, bolinha de queijo)
• Restaurantes self-service	
• Churrascarias (para serviço de buffet/barras de guarnições)	
• Bares (porções)	

Salgados de R$ 1,00

Este conceito não é novo, e começou com um preço ainda menor. Há alguns anos, esses salgados menores em relação aos de lanchonete, mas maiores em relação aos de festa, começaram a se popularizar e viraram febre. Com R$ 0,50, era possível comprar uma coxinha ou outro salgado de tamanho razoável. Hoje o preço está um pouco maior, mas o conceito continua em alta.

Caso você não queira ter a sua própria loja e opte por trabalhar com produção e distribuição (B2B), uma boa opção é oferecer seus produtos em lanchonetes que vendem salgado a R$ 1,00, mas que não tenham fabricação própria.

ONDE OFERECER?

- Lanchonetes
- Cantinas de escola
- Vendedores ambulantes
- Food trucks

O QUE OFERECER?

- Salgados de tamanho médio (o tamanho varia de acordo com a sua região)
- Empadas
- Pão de queijo
- Pão de batata assado e congelado
- Esfirra assada e congelada

REFERÊNCIAS

ARAGÃO, Isabella. Dados do mercado: dados mais recentes no foodservice. **Foodbiz**, 24 maio 2023. Disponível em: https://foodbizbrasil.com/informacoes-de-mercado/dados-do-mercado-dados-mais-recentes-no-foodservice/. Acesso em: 12 jun. 2023.

BRASIL. Agência Nacional de Vigilância Sanitária (Anvisa). Rotulagem de alimentos. **Anvisa**, [s. d.]. Disponível em: https://www.gov.br/anvisa/pt-br/assuntos/alimentos/rotulagem. Acesso em: 24 out. 2023.

BRASIL. Ministério da Saúde. Secretaria de Atenção à Saúde. Departamento de Atenção Básica. **Guia alimentar para a população brasileira**. 2. ed. Brasília: Ministério da Saúde, 2014.

CASCUDO, Luís da C. **Antologia da alimentação**. São Paulo: Global Editora, 2014.

CAVAZIN, Nadir A. G. **Histórias e receitas**: sabor, tradição, arte, vida e magia. Limeira: Sociedade pró-Memória de Limeira, 2000.

COLLAÇO, Janine Helfst Leicht. Imigração e cozinha italiana na cidade de São Paulo, **Anuário Antropológico**, 2011-I, 2012, p. 211-236. Disponível em: https://repositorio.bc.ufg.br/bitstream/ri/18618/5/Artigo%20-%20Janine%20Helfst%20Leicht%20Colla%C3%A7o%20-%202012.pdf. Acesso em: 12 jun. 2023.

INSTITUTO AMERICANO DE CULINÁRIA. **Chef profissional**. Tradução: Renata Lucia Bottini e Márcia Leme. 9. ed. São Paulo: Editora Senac São Paulo, 2017.

KALIL, Patricia. Arancino: receita e história do bolinho típico da Sicília. **Descobrindo a Sicília**, [s. d.]. Disponível em: https://descobrindoasicilia.com/arancino-receita-e-historia-do-bolinho-tipico-da-sicilia/. Acesso em: 12 jun. 2023.

LUCENA, Rodolfo. Minha história: coxinha faz capixaba montar rede de 58 lojas; SP e RJ à vista. **Folha de S. Paulo**, 10 ago. 2014. Disponível em: https://www1.folha.uol.com.br/mercado/2014/08/1498295-minha-historia-coxinha-faz-capixaba-montar-rede-de-58-lojassp-e-rj-a-vista.shtml?fbclid=IwAR2bbCOQkVjrjNcjShoJpbcHKP IGnNIAWXIee31VJA0mRKaMyZuD2ZrZ8zc. Acesso em: 12 jun. 2023.

MACHADO, Simone. Casal cria império da coxinha nos EUA com uma fritadeira e R$ 1.000. **UOL**, 26 abr. 2023. Disponível em: https://economia.uol.com.br/noticias/redacao/2023/04/26/vai-uma-coxinha-brasileiros-faturam-r-10-mi-vendendo-petiscos-nos-eua.htm. Acesso em: 12 jun. 2023.

MICHELIN GUIDE. Caprichos de arancini. **Michelin Guide**, 14 abr. 2021. Disponível em: https://guide.michelin.com/br/pt_BR/article/dining-out/caprichos-de-arancini. Acesso em: 12 jun. 2023.

PALMQUIST, Karina. **Brigadeiros**. Curitiba: Edição da autora, 2020, p. 36-44. *E-book*.

SECRETARIA DO ESTADO DA SAÚDE (São Paulo). Coordenadoria de Controle de Doenças. Centro de Vigilância Sanitária. Portaria CVS 5, de 9 de abril de 2013. **Diário Oficial do Estado de São Paulo**: seção I, Poder Executivo, n. 73, p. 32-35, 19 abr. 2013. Disponível em: https://cvs.saude.sp.gov.br/up/PORTARIA%20CVS-5_090413.pdf. Acesso em: 26 abr. 2023.

SECRETARIA MUNICIPAL DA SAÚDE (São Paulo). Portaria SMS nº 2.619 de 5 de dezembro de 2011. **Diário Oficial da Cidade**, p. 23, 6 dez. 2011. Disponível em: https://www.prefeitura.sp.gov.br/cidade/secretarias/upload/chamadas/portaria_2619_1323696514.pdf. Acesso em: 26 abr. 2023.

ÍNDICE GERAL

Congelamento, 95;
    entendendo o processo, 97;
    para fazer um congelamento seguro e eficaz, 97;
    passo a passo, 98.

Coxinha, 15;
    criação, 15;
    método do copinho, 84.

Cozinha, 22;
    equipamentos e utensílios, 24;
    mise en place, 23;
    padronização, 26.

Defeitos, 111;
    empanamento soltando durante a fritura, 113;
    massa de empada muito elástica, 121;
    massa de quibe desmanchando, 116;
    massa pesada e dura, 118;
    salgado estourando, 115;
    tampa da empada soltando ou abrindo, 122.

Empada, 56;
    desproporção de líquido e gordura, 121;
    massa muito elástica, 121;
    modelagem, 87;
    recheio muito líquido, 122;
    sova excessiva, 119;
    tampa soltando ou abrindo, 122.

Empanamento, 81;
    empanamento soltando durante a fritura, 113;
    passo a passo, 90, 91;
    salgado recém-empanado, 114;
    técnicas, 90.

Fritura, 95;
    congelado ou resfriado?, 101;
    em fritadeira, 106;
    em panela, 105;
    empanamento soltando durante a, 113;
    excesso de tempo de, 115;
    óleo em temperatura errada, 113;
    para fazer uma fritura segura e eficaz, 99;
    por que os salgados estouram?, 107;
    quantidade, 100;
    temperatura, 99;
    tempo, 103.

Ficha técnica, 141;
    conhecendo a, 143;
    simplificada, 143;
    preenchimento, 144.

Gestão da qualidade, 127;
    armazenamento de insumos, 133;
    compras, 129;
    distribuição e armazenamento, 137;
    embalagens, 135;
    exposição em vitrine, 137;
    higiene, limpeza e organização, 130;
    pré-preparo de massas e recheios, 134;
    rotulagem, 136;
    sistemas PEPS e PEVS, 129.

Higiene, 27;
    bancadas e superfícies, 29;
    cabelos e barba, 28;
    do lugar de trabalho, 29;
    luvas, 28;
    mãos, 27;
    pessoal, 27;
    segurança dos alimentos, 29;
    utensílios; 29.

Ingredientes, 33;
    açúcar, 37;
    batata cozida, 36;
    farinha de trigo, 35;
    flocos de batata, 36;
    funções nas receitas, 33;
    fundos ou caldos-base, 38;
    levedura (fermento biológico seco ou fresco), 37;
    margarina 80% de lipídeos, manteiga ou óleo, 35;
    ovo, 37;
    polvilho azedo, 36;
    polvilho doce, 36;
    sal, 36.

Negócio, 19;
    como começar, 19;
    qualidades fundamentais de um profissional, 21.

Nichos de mercado, 153;
    lanchonetes e outros estabelecimentos próprios, 156;
    minissalgados, 158;
    regeneração: salgados já fritos ou assados e congelados, 157;
    salgados congelados para revenda, 155;
    salgados de R$ 1,00, 159.

Modelagem, 81;
    ar encapsulado, 115;
    bolinha, 85;
    croquete, 85;
    empada, 87;
    esfirra aberta, 86;
    esfirra fechada, 86;
    método do copinho, 84;
    pão de batata, 87;
    quibe, 85;
    rissole, 85;
    salgado com duas pontas, 85;
    técnicas e exemplos, 83;

Precificação, 141;
    aprendendo a precificar, 145;
    gastos e custos, 146;
    lucro, 150;
    mão de obra, 148;
    preço de venda, 151.

Quibe, 48;
    massa desmanchando, 116;
    massa muito mole, úmida e esfarelando, 116;
    modelagem, 85.

Receituário, 41;
    massas e pães, 43;
    outros quitutes, 70;
    recheios tradicionais, 62.

Salgados;
    assados, 53;
    bolinha, 85;
    coxinha, 84;
    croquete, 85;
    empada, 87;
    fritos, 50;
    pão de batata, 58;
    pastel, 54;
    quibe, 89;
    quiche, 74;
    rissole, 85.

ÍNDICE DE RECEITAS

Bolinho de bacalhau, 72

Caldo-base de frango, 38

Caldo-base de legumes, 38

Croquete de carne, 71

Massa básica com leite, 43

Massa básica com leite e batata, 43

Massa básica sem leite, 43

Massa de mandioca para salgados fritos, 50

Massa de pastel de feira, 54

Massa fermentada para salgados assados, 53

Massa para quibe, 48

Massa podre para empadas, quiches e tortas, 56

Pão de batata, 58

Pão de queijo, 60

Quiche de espinafre, 76

Quiche tipo lorraine, 74

Recheio de camarão, 69

Recheio de carne cozido (para uso geral), 66

Recheio de carne cru (para esfirras), 67

Recheio de frango cremoso – método direto, 63

Recheio de palmito, 68

Recheio de presunto e queijo, 65

Recheio de queijo, 64

SOBRE O AUTOR

Edgar Galluzzo nasceu em São Paulo e é salgadeiro há mais de vinte e cinco anos. É técnico em processamento de alimentos e passou por empresas renomadas nas áreas da indústria de alimentos e de maquinário para restaurantes. Começou a fazer e vender quitutes aos 14 anos, para auxiliar na renda familiar, e chegou a ter sua própria empresa de salgados. Participou de alguns programas de televisão, mostrando seus talentos na gastronomia, e teve a oportunidade de trabalhar no exterior, representando a cultura brasileira por meio de suas receitas. De volta ao país, está diretamente inserido no mercado dos salgados e pronto para transmitir os conhecimentos e as técnicas que adquiriu na área.